Werner Reichel (Hg.)

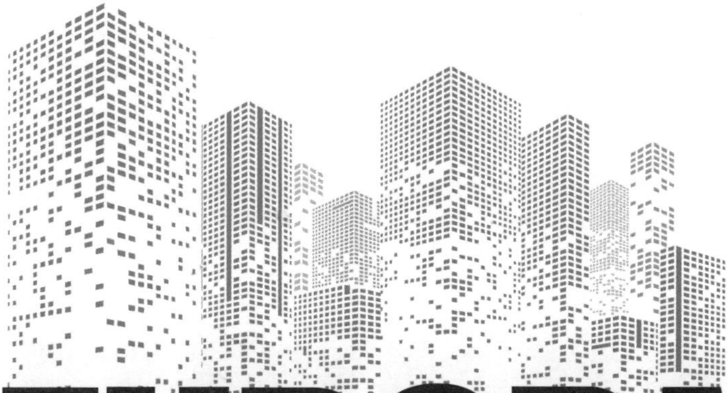

EUROPA 2030

Wie wir in zehn Jahren leben

Frank&Frei

Inhalt

Vorwort   4

David Engels | De profundis – Europa in den 2030ern   8

Vera Lengsfeld | Back to the USSR – ein Albtraum   49

Laila Mirzo | Chronologie des Untergangs   59

Werner Reichel | The Failed States of Europe   71

Andreas Unterberger | „Glaub an dich, Europa!" –
die Utopie, für die sich zu kämpfen lohnt   114

Rudolf Thonet | Alltag in der BRD –
Interview mit einer Überlebenden   128

Fabio Witzeling | Welches Europa?
Eine Potenzialanalyse des europäischen Gedankens   139

Markus M. Goritschnig | Realer Postmodernismus
Westeuropas Zersplitterung in partikuläre Sphären   152

Michael Brückner | Spielball im Kalten Krieg der Technologie:
Wie die EU die Zukunft verschläft   170

Andreas Tögel | Bargeldabschaffung:
Auf dem Weg zum totalen Staat   182

Jürgen Pock | Der Kreisky-Komplex –
Die Zukunft der Sozialdemokratie   193

Georg Zakrajsek | Ich bin kein Europäer!   210

Vorwort

Die globalen Machtverhältnisse haben sich in den vergangenen Jahrzehnten massiv verlagert und nach Osten verschoben. Europa, über Jahrhunderte der Nabel der Welt, ist auf der politischen Weltbühne nur noch eine Nebendarstellerin, die, sich ihrer neuen Rolle nicht bewusst, wie eine alternde Diva auftritt.

Die transatlantische Ära ist zu Ende. Wir leben nun im pazifischen Zeitalter. Die USA wenden sich – mit Ausnahme vom aus der EU geflüchteten Großbritannien – von Europa ab, Russland orientiert sich zunehmend Richtung Peking, und auch die afrikanischen Staaten setzen mehr auf China als auf Europa.

Nicht nur politisch, auch wirtschaftlich, technologisch und militärisch verliert Europa den internationalen Anschluss. Fortschritt und Innovation finden in den USA und im Fernen Osten statt und die verbliebene alte Industrie wird von den Deutschen gerade auf dem Klimaaltar geopfert. Der Wohlstand früher Zeiten kann unter solchen Bedingungen nur noch mit Billiggeld, Negativzinsen, europaweiter Umverteilung und immer schärferen Bargeldbeschränkungen aufrechterhalten werden. Mit ebenso absehbaren wie katastrophalen Folgen. Immer öfter ist auch von eher linken Experten vom kommenden Finanzcrash zu lesen.

Die Einwanderungswelle aus dem islamischen Raum und Afrika, die im Herbst 2015 ihren vorläufigen Höhepunkt erreichte, hat das Gesicht des gesamten Kontinents für immer verändert. Das christlich geprägte Europa wird Schritt für Schritt islamisch. Überall entstehen neue Parallel- und Gegengesellschaften, mit dem Islam kehrt die Religion nach Europa zurück, beeinflusst und prägt alle Bereiche der Gesellschaft.

Diese Transformation von schwer abschätzbarer Tragweite führt auch zu politischen Umwälzungen. Die politischen Ränder erstarken, einstige Volksparteien schrumpfen zu Kleinparteien oder verschwinden völlig. Weit linksstehende Gruppierungen, wie etwa die Grünen in Deutschland und Österreich auf der einen, sogenannte Rechtspopulisten auf der anderen Seite, prägen nun die politischen Landschaften. Die Gräben zwischen diesen Lagern sind tief und kaum noch zu überbrücken.

Politische Auseinandersetzungen und Verteilungskämpfe werden immer härter geführt und verlagern sich zunehmend auf die Straße. Die allgemeine Lage wird nicht nur in Frankreich oder Schweden immer instabiler. Das ist der Status quo, so stellt sich die Lage 2020 in groben Zügen dar.

Ist Europa ein Auslaufmodell, steuern wir geradewegs auf eine Katastrophe, einen Crash zu? Was sind die politischen, kulturellen und sozialen Folgen dieser Entwicklung? Wie werden wir und unsere Kinder in zehn Jahren, also in absehbarer Zeit leben?

Elf Autoren versuchen diese Fragen im vorliegenden Buch zu klären. Sie sind Wissenschaftler, Professoren, Journalisten, Chefredakteure, Publizisten, kommen aus den unterschiedlichsten Bereichen. Ihre Zugänge, Sichtweisen, Methoden und Ansätze sind deshalb unterschiedlich. Eines haben sie gemeinsam: Sie sind keine linken Utopisten, gehen also von der Fragestellung aus, wie die Welt ist und sein wird, nicht wie sie sein soll.

Sie finden in diesem Buch realistische Einschätzungen, wie unser Alltag in einigen Jahren aussehen, wohin sich Europa entwickeln könnte, und nicht, wie es sich nach Vorstellungen sozialistischer Gesellschaftsingenieure und Multikulti-Apologeten verändern sollte. Wie falsch die den öffentlichen Diskurs dominierenden linken Politiker, Experten und anderen Meinungsmacher liegen, bewiesen sie etwa im Herbst 2015, als sie die multikulturelle, sprich islamische Zukunft Europas in bunten und leuchtenden Farben ausmalten: Die aus der Dritten Welt einwandernden Menschen würden die Renten sichern, die Wirtschaft ankurbeln, ja sogar ein zweites deutsches Wirtschaftswunder auslösen, die Gesellschaft bunter und uns zu besseren Menschen machen, die europäische Kultur befruchten und bereichern. Ohne den unkontrollierten massenhaften Zuzug würde Europa gar „in Inzucht degenerieren", warnte damals der deutsche Finanzminister Wolfgang Schäuble. Man prophezeite den Bürgern und Europa eine goldene Zukunft. Es kam, wie wir wissen, anders.

Die vollmundigen Versprechen und verheißungsvollen Prognosen waren nie etwas anderes als linke Utopien und Wunschträume, ohne jeden Realitätsbezug, ohne jede wissenschaftliche Grundlage. Sie basierten nicht auf Fakten, validen Zahlen, ernsthaften Analysen, wissenschaftlichen Studien. Was der Großteil der Politik und Medien damals den Bürgern verkauft hat, waren linke Hirngespinste, ein Gesellschaftsexperiment ohne Netz und doppelten Boden.

Auch die Autoren dieses Buches wissen nicht, wie wir in zehn Jahren leben, können es nicht wissen. Aber sie bemühen sich um eine realistische, auf Fakten und nachvollziehbaren Überlegungen basierenden Einschätzung. Weil sie aus dem bürgerlichen, konservativen, liberalen bzw. libertären Spektrum kommen, wird ihr Blick nicht durch politisch korrekte Denk- und Sprechverbote verstellt und eingeschränkt.

Sie finden auch Einschätzungen, die vom linken politischen Mainstream unterdrückt, verfolgt und geleugnet werden, die außerhalb des politisch korrekten Meinungs- und Denkkorridors liegen. Die Autoren versuchen nichts zu verschleiern, nichts zu beschönigen, nennen die Dinge beim Namen. Es ist trotzdem kein düsteres, pessimistisches Buch, es finden sich viele positive und zuversichtliche Einschätzungen. Denn noch etwas eint diese Autoren: Sie glauben – trotz allem – an Europa und seine Werte.

Werner Reichel
Wien, 2020

David Engels
De profundis –
Europa in den 2030ern

Schon als ich den schwer gesicherten Flughafen von Düsseldorf betrat, erwachte in mir das unbestimmte Gefühl, daß ich noch nicht in Sicherheit war. Bereits beim Eintritt in die Abflughalle wurde ich von einer Reihe aufgebrachter junger Menschen begrüßt, welche für ein vollständiges innereuropäisches Flugverbot demonstrierten und die Reisenden unterschiedslos mit wutverzerrten Gesichtern und Sprechchören begrüßten; ich glaubte sogar, den einen oder anderen Sprechchor „Wir wollen uns're alte Angie Merkel wiederha'm" skandieren zu hören – die „guten alten Merkeljahre" waren vielen jungen Menschen immer noch ein Begriff und durch die Verleihung des Friedensnobelpreises für die Lebensleistung der Altkanzlerin geradezu mythisch verklärt. Physiognomisch waren hier die geschmacklichen Ausartungen der 2020er Jahre auf die Spitze getrieben worden: Während optisch kaum noch zwischen den Geschlechtern der Protestierenden zu unterscheiden war, und ästhetisch generell das häßliche Element überwog, fanden sich nur im Körpergewicht klare Abweichungen, wobei zwischen Fällen extremer Fett- und ebenso extremer Dünnleibigkeit nur wenig Mittelmaß zu bemerken war. Auch geruchlich war die Ansammlung schnell zu bemerken, galten künstliche Duftstoffe in diesen zartbesaiteten Kreisen doch generell als zu bedrängend. Glücklicherweise durfte man von diesem Eindruck nicht auf die Gesamtheit schließen. Denn tatsächlich hatte die schwere Wirtschaftskrise mitsamt der überall in Europa entstehenden Jugendarbeitslosigkeit auch in Deutschland nur zu einer noch stärkeren politischen Polarisierung geführt: Zwar blieb ein Teil der Jugend immer noch überzeugt, daß auch die aussichtslose Wirtschaftslage und der immer stärker um sich greifende Terrorismus nur eine Folge der Klimakrise seien und durch ein beherzteres Eingreifen für „unseren Planeten" mitsamt dem sich hieraus ergebenden harten Durchgreifen gegen die „Populisten" hätte vermieden werden können. Ein anderer, stetig wachsender Teil der jungen Menschen interessierte sich aber mittlerweile trotz oder gerade aufgrund der überspannten Ideologisierung von Elternhaus, Schulen und Massenmedien zunehmend für konservative Lebensführung und bezog seine politische, spirituelle und kulturelle Bildung unabhängig von staatlicher „Qualitätskontrolle" und „Faktencheck" aus dem Darknet. Schwere Zusammenstöße zwischen den verschiedenen Gruppen waren auch in Deutschland an der Tagesordnung, zumindest auf dem Land, wo die ausgedünnten staatlichen Kontrollorgane nur noch oberflächlichen Einfluß besaßen, und wo die durch Finanzkrise und Selbstabschaffung der Automobilindustrie hervorgerufene Jugendarbeitslosigkeit viel höher war als in den Städten, deren Beschäftigungssituation zunehmend auf dem staatlich finanzierten, weitgehend mit Sozialfürsorge, Klimaschutz, Agitation und Überwachung beschäftigten Dienstleistungssektor beruhte.

Wie sehr gerade in Deutschland diese verkürzte Weltsicht auf mediale Fehlinformation gestützt war, wurde mir erst so richtig klar, als ich mir eine Zeitung griff: Das schwere Brüsseler Attentat, daß den Berichten der sozialen Medien zufolge drei Dutzend Tote gefordert hatte, fand sich lediglich in den wenigen überhaupt noch öffentlich angebotenen konservativen Blättern wieder, die zudem seit einigen Jahren aufgrund ihrer ideologischen Anstößigkeit nur mit einer eigenen, undurchsichtigen Plastikhülle umwickelt angeboten werden durften; die weitgehend staatlich alimentierten Leitmedien selbst ignorierten den Fall oder brachten ihn nur als „ungeklärten Zwischenfall" in der Spalte „Aus aller Welt" kurz vor dem Sportteil. Freilich war die Reichweite jener Medien in der Zwischenzeit sowieso auf einen Bruchteil ihres einstigen Einflusses geschrumpft: Politische Information und Debatte hatte sich ganz in das Internet verlagert, das zwar stärker denn je kontrolliert wurde, trotzdem aber immer noch genügend Raum für jene bot, welche Informationen suchten und sich nicht mit dem zufriedengaben, das ihnen von den Such-Algorithmen geboten wurde.

Dann geschah etwas Unerwartetes: Schon bei der automatischen Gepäckaufgabe wurde mein Flugticket nicht erkannt. Am Kundenschalter teilte man mir nach einer nahezu einstündigen Wartezeit – menschliches Personal war auf das absolute Minimum reduziert und fast ganz durch FAQ-Automaten ersetzt worden – höflich und nur in englischer Sprache mit, daß zwar eine Reservierung getätigt worden war, offensichtlich aber am gestrigen Tage – wohl nach meiner Abfahrt aus Brüssel – gelöscht worden sei. Man bedauere es, diese leider nicht mehr wiederherstellen zu können. Als ich mich nach einem anderen Flug nach Warschau erkundigte, empfahl man mir zunächst, zum Schutz des Klimas doch lieber die Bahn zu benutzen, und nachdem klar wurde, daß der nächste Flug ohnehin erst am nächsten Tag starten würde, begab ich mich tatsächlich zum flughafeneigenen Bahnsteig. Nur noch wenige Linien waren in regelmäßigem Betrieb, da der Zusammensturz mehrerer noch aus der wilhelminischen Zeit stammenden Brücken zu einer Beschränkung auf die wichtigsten Überlandverbindungen und einige wenige Regionalstrecken geführt hatte. Trotzdem waren bereits alle eingehenden Züge um eine bis zwei Stunden verspätet, was für mich aber insoweit ein Glück war, weil somit wenigstens jene Züge, die mir die Verbindung nach Warschau ermöglichen sollten, noch verfügbar waren. Doch als ich am Schalter ein Ticket lösen wollte, erhielt ich wiederholt Fehlermeldungen. Als ich daraufhin meine Geld- und meine Kreditkarte telephonisch auf ihren Kontostand hin prüfen wollte, ergab sich bei beiden die automatische Information, mein Konto sei zu Sicherheitszwecken vorübergehend bis auf weiteres gesperrt worden. Das war in Anbetracht der Tatsache, daß die Länder der Eurozone vor einigen Jahren das Bargeld abgeschafft hatten, gleichbedeutend damit, daß ich mittellos gestrandet war.

Erst jetzt verstand ich, daß hier wohl mehr als bloßer Zufall am Werk war, und erinnerte mich der Gespräche der letzten Tage. Eine echte Bedrohung meiner Person schien zwar nicht zu fürchten, aber ich wollte mein Glück nicht überstrapazieren und der ja offensichtlichen Botschaft, daß meine Präsenz nicht erwünscht sei, vorläufig gerne nachkommen. Doch wie? Ohne Geld war es mir ja nicht einmal möglich, ein Taxi zu nehmen, und wer weiß, welche belastenden Kontobewegungen vorgenommen werden konnten, um Gründe für weitreichendere Maßnahmen zu treffen. Auch das Flughafenhotel konnte ich ohne Zugriff auf mein Konto nicht reservieren, um dort darauf zu warten, daß sich die Lage am nächsten Tage irgendwie kläre. Da, in meiner Not, entsann ich mich der Tatsache, daß ich mich am Tag vor meinem Abflug aus Warschau mit ausreichend polnischem Geld eingedeckt hatte, das ich dann doch nicht ausgegeben hatte – dieser kleine Sachverhalt wurde zu meiner Rettung. Ein am Flughafen stehender, nach Polen abgehender Bus einer großen internationalen Reiselinie mit polnischem Fahrer verstand rasch meine Lage und kassierte den Ticketpreis in Bargeld ein, und so befand ich mich denn eine Stunde später endlich auf einer zwar langen, aber trotz endloser Staus und stundenlangen Aufladens der Elektrobatterien des Busses letztlich problemlosen Fahrt quer durch Deutschland.

Und so atmete ich – ein mehrsprachiger, überzeugter Abendländer, dessen gesamtes Leben sich im Schnittfeld romanischer, germanischer und slawischer Kultur abgespielt hatte – erleichtert auf, als der Bus sich endlich in die lange Schlange am Grenzübergang einreihte, um die mühselige Formalität der Ausweiskontrolle über sich ergehen zu lassen, welche seit der vor einigen Jahren verhängten Grenzschließung der Visegrádstaaten zur Routine geworden war. Zwar war die Bewegungsfreiheit durch den Schengener Raum nicht ausgesetzt worden; in Anbetracht des Andrangs westeuropäischer Flüchtlinge hatte man sich aber vorbehalten, bei gleichzeitig reduziertem Personal eine so ausführliche Prüfung der Identitäten vorzunehmen, daß nur jene auch tatsächlich eingelassen wurden, denen es ernst war, oder welche triftige berufliche Gründe für den Grenzübertritt hatten.

Nur noch einige Stunden Wartezeit, und ich wäre zurück – zurück in Sicherheit, und vor allem: zurück in Europa. Da hörte ich Polizeisirenen heulen.

*

Eigentlich hatte ich meine Vortragsreisen nach Westeuropa immer sehr genossen. Wenn sie mich auch viel Zeit kosteten, die ich sonst mit Familie oder Arbeit hätte verbringen können, so hatten sie doch auch etwas von einer kurzfristigen Rückkehr in meine eigentliche Heimat, welche ich vor einem Dutzend Jahren verlassen hatte, um mich in Polen niederzulassen.

Doch die Dinge haben sich geändert. Das war freilich schon seit längerem abzusehen, und gerade die Befürchtung, daß der Westen früher oder später einen in vielerlei Hinsicht sehr gefährlichen Pfad beschreiten würde, war ja schließlich einer der Gründe gewesen, welche damals den Ausschlag gegeben hatten, mitsamt meiner Familie nach Osten zu ziehen. Und trotzdem: Anders als erwartet, liegt in der Bestätigung der eigenen Vorahnungen nur eine sehr begrenzte Befriedigung. Und würde man diese mit der Bestürzung verrechnen, die Dinge tatsächlich ihren befürchteten Gang gehen zu sehen und somit die Vorherbestimmung der Geschichte am eigenen Leib zu erfahren, würde wohl sicherlich das Grauen die Selbstgerechtigkeit überwiegen – vor allem, wenn jene Vorahnungen, wie in meinem Fall, dezidiert negativer Art waren.

Selten war mir der Gegensatz zwischen den beiden Hälften, in die meine Heimat Europa mittlerweile zerfallen war, so sehr vor Augen getreten wie in diesem Frühling in den frühen 2030er Jahren. Warschau hatte sich an diesem kühlen, leicht verregneten

Morgen leider nicht von seiner besten Seite gezeigt. Trotzdem war der Weg von meinem Zuhause bis zum Chopin-Flughafen wie immer reibungslos verlaufen: der übliche dichte Verkehr, der übliche leichte Smog, die üblichen Schlangen an den Bushaltestellen. Obwohl die sich bereits jahrelang hinziehende Wirtschaftskrise auch in Polen schwere Schäden angerichtet hatte, waren die polnische Wirtschaft und Gesellschaft erstaunlich resilient geblieben.

So war es gelungen, den Złoty zunehmend vom kenternden Euro abzukoppeln und die finanzpolitische Talfahrt weiter Teile der Europäischen Union weitgehend zu vermeiden, wozu sicherlich auch die Entscheidung beigetragen hatte, im Gegensatz zum Westen vom Vertrauensbruch der Bargeldabschaffung abzusehen und die eigene Währung zunehmend auf die stark ausgebauten und nunmehr ausschließlich in Polen aufbewahrten Edelmetallreserven zu stützen. Freilich, nachdem die Kettenreaktion von Staats- und Bankenpleiten und die sich hieraus ergebenden realwirtschaftlichen Folgen sich bis nach Deutschland durchgefressen hatten, erlebte auch die Wirtschaft der ostmitteleuropäischen Staaten eine schwere Zeit. Nicht nur verloren viele der im Westen ansässigen polnischen Bürger ihre Arbeit, sondern zahlreiche, in Polen tätige westeuropäische Unternehmen und Banken fuhren auch schwere Verluste ein, die sie dann auf ihre polnischen Mitarbeiter abwälzten. Doch war es der mit zäher Beharrlichkeit regelmäßig wiedergewählten „illiberalen" Regierung des Landes gelungen, in den frühen 2020er Jahren die Abhängigkeiten vom Westen so weit zurückzufahren, daß ein vollständiger Zusammenbruch dann ausblieb, als es diesem an den Kragen ging. Die teils empfindlichen EU-Sanktionen angesichts der angeblichen Bedrohung rechtsstaatlicher Verhältnisse stellten sich dabei im Rückblick sogar insoweit als ein Segen heraus, als sie das Land dazu gezwungen hatten, sich bereits früher als andere europäische Staaten darauf einzurichten, die wirtschaftlichen Tagesgeschäfte in fraglos ungünstigeren Verhältnissen, aber immerhin aus eigener Kraft zu ordnen. Und während sich viele westeuropäische Ladenzeilen allmählich in Geisterstädte verwandelten, hielt sich in Polen hartnäckig ein (freilich bescheidenes) Wachstum, wie sich überall am Straßenrand der großen Verkehrsachsen durch den Warschauer Süden zeigte, die ich nun auf meinem Weg zum Flughafen durchqueren mußte.

Auch die Robustheit des Bildungssystems war von Vorteil gewesen, wie ich mir dachte, als ich an einigen Bushaltestellen Ansammlungen ernst blickender junger Menschen betrachtete: Die Welle des primär auf „Kompetenzerwerb" und „interkulturelle wie intersexuelle Toleranz" ausgerichteten Unterrichtssystems war im Chaos der Wirtschaftskrise letztlich in sich selbst zusammengebrochen, bevor sie den Osten voll erreicht hatte; und während das westliche Bildungssystem – oder was noch von ihm übriggeblieben war – im internationalen Vergleich weltweit zunehmend in das untere Mittel rutschte, blieb Ostmitteleuropa weiterhin zusammen mit den ostasiatischen Staaten im Spitzenfeld und behielt in den wesentlichen wirtschaftlichen Kerngebieten eine kompetente und innovative Personalstruktur, die umso wichtiger wurde, als es in Westeuropa infolge von Klima- und Qualitätsregulierung wie auch einem akuten Mangeln an technisch versiertem Forschungspersonal zu einem völligen Versiegen technologischer Innovation gekommen war. Auch war im Gegensatz zum Westen der Beruf des mittelständischen Handwerkers nie in Verruf geraten, so daß dem Zusammenbruch der europaweiten Lieferketten rasch durch einheimische Improvisationen und Alternativen begegnet werden konnte.

Doch was am bedeutsamsten war und auch an jedem öffentlichen Platz gespürt werden konnte, wenn man nur über die entsprechende Sensibilität verfügte, um kollektive Stimmungen einzufangen: Die Solidarität zwischen den Bürgern war in Polen wie in ganz Ostmitteleuropa auch in jenen schweren Zeiten weitgehend ungebrochen, und die zwangsläufig aufbrechenden sozialen Gegensätze wurden weiter in der politischen Arena ausgefochten, nicht aber, oder doch nur selten, auf der Straße. Verfolgte man die immer zahlreicheren Berichte blutiger Auseinandersetzungen zwischen den verschiedenen Ethnien, in die Westeuropa zerfallen war, hatte sich die Weigerung, übereilt hunderttausende weitgehend männliche Wirtschaftsflüchtlinge aus Afrika und dem Nahen Osten nach Ostmitteleuropa einzuladen, als wahrer Segen herausgestellt. Es war daher eine Ironie der Geschichte, daß die jahrelang zur Schau gestellte moralische Überheblichkeit der Westeuropäer angesichts der angeblich mangelnden „Humanität" des Ostens sich mittlerweile selber gerichtet hatte: Immer länger wurden die Warteschlangen westeuropäischer Emigranten in den verschiedenen polnischen Auslandsämtern, und wenn die Regierung sich auch klar für eine Politik der offenen Tür gegenüber Einwanderern abendländischer Kultur ausgesprochen hatte, war nicht zu verkennen, daß die Zerknirschtheit der westlichen Neubürger einer gewissen Befriedigung im Blick ihrer östlichen

Gastgeber begegnete.

Und so war es denn mit dem Optimismus desjenigen, der eine sichere Zufluchtsstätte in seinem Rücken weiß, daß ich nach längerer Zeit wieder einmal eine Vortragsreise durch Westeuropa unternahm, wobei ich wie üblich mehrere Verpflichtungen bewußt so kombiniert hatte, um eine größtmögliche Effizienz zu garantieren: Frankreich, Belgien, die Niederlande und Deutschland. Es sollte eine Odyssee durch eine zerfallende Zivilisation werden.

*

Paris war lange meine Lieblingsstadt in Europa gewesen: Die einheitliche Bauweise, der warme Sandstein, die geraden Perspektiven, die Erinnerung an die Pracht des Zweiten Kaiserreichs, der architektonische Reichtum – kurzum, dieser letzte Versuch, mit den technischen Mitteln des 19. Jh.s ein urbanes Gesamtkunstwerk zu schaffen, das zutiefst der Ästhetik des 17. und 18. Jahrhunderts verpflichtet war. Meine Begeisterung für Paris war allerdings mittlerweile vergangen – oder besser gesagt: Sie hatte sich zunehmend in eine gleich doppelt schmerzliche Nostalgie verwandelt; doppelt, da es nunmehr nicht nur das unumkehrbare Verschwinden der echten, also vorindustriellen abendländischen Kunst zu beklagen galt, sondern auch das baldige Aussterben der fernen Nachfahren jener Erbauer von Kathedralen und Schlössern ...

Schon die Ankunft im Flughafen „Charles de Gaulle" stimmte mich auf das Kommende ein – was für ein Kontrast zum Warschauer oder vor einigen Jahren eröffneten Łódźer Flughafen! Der Beton der gigantischen Ankunftshalle und der im brutalistischen Stil errichteten Rotunde hatte zu bröckeln begonnen und mußte überall von Netzen aufgefangen werden; schwerbewaffnete Soldaten sicherten seit den schrecklichen, ein paar Jahre zurückliegenden Anschlägen, bei denen einige Sektionen des Flughafens völlig zerstört worden waren, alle strategischen Punkte; nicht nur die Reisenden, sondern auch das Flughafenpersonal schienen hauptsächlich außereuropäischen Ursprungs und schlechter Laune; und trotz des empfindlichen Rückgangs des Flugverkehrs seit Beginn der großen Wirtschaftskrise und der gewaltigen Klimaabgaben auf innereuropäische Flüge wurden die Warteschlangen bei der kürzlich wiedereingeführten Paßkontrolle immer länger. Ich hatte zwar gehört, daß die Situation in dem kürzlich eröffneten chinesischen Flughafen im Süden der Stadt, in strategischer Nähe zu Versailles und Disneyland, erheblich besser sein sollte; doch war dieser weitgehend ostasiatischen Gesellschaften und Reisenden vorbehalten und die Flugscheine für Europäer angesichts der massiv gesunkenen Kaufkraft des Euros kaum noch bezahlbar.

Ich war bereits einige Jahre nicht mehr in Paris gewesen und hatte ursprünglich wie üblich den RER ins Stadtzentrum nehmen wollen, wurde aber von meinen Gastgebern in der Botschaft eindringlich davon abgehalten: Man werde mir ein Fahrzeug schicken, das wäre sicherer. Als wir uns dann vom Flughafen ins Stadtzentrum vorkämpften, verstand ich warum, und mir ging auch auf, wieso das Fahrzeug gepanzert war (was, wie mir der Fahrer erklärte, dem Elektromotor aufgrund des gestiegenen Gewichts gewisse Probleme bereitete: Verbrennungsmotoren waren seit ein paar Jahren überall in der EU abgeschafft worden, wenn der Osten auch die Übergangsbestimmungen dieser Regel zäh bis zum heutigen Tag verlängert hatte). Zwar schienen die Hauptverkehrsachsen, welche Paris mit der Provinz verbanden, noch in halbwegs passablem Zustand und durch zahlreiche Kameras und bunkerartige Polizeiwachen flächendeckend vor Vandalismus und Terrorismus geschützt zu sein, doch bereits ein Blick in die Seitenstraßen offenbarte in regelmäßigen Abständen Barrikaden, brennende Fahrzeuge, Müllberge, zerschlagene oder vergitterte Läden, herumlungernde junge Männer und tief verschleierte Frauen. Vereinzelt schien es mir sogar, als hätte ich Schüsse gehört – in den Vorstädten wohl nicht unüblich, wie mein Fahrer erklärte, da Auseinandersetzungen zwischen rivalisierenden Banden und Plünderern an der Tagesordnung waren und es zu einer mit sportlichem Eifer verfolgten Aktivität geworden war, die Drohnen vom Himmel zu schießen, mit denen die Polizei die Lage in jenen Stadtvierteln verfolgte, welche sie nicht mehr zu betreten wagte. Kürzlich, so hatte ich gelesen, war sogar ein Mitglied der auf Flugscheiben schwebenden Anti-Terrorismus-Brigade durch einen gezielten Schuß aus einer Dachluke zum Absturz gebracht worden, was den Einsatz dieser sowohl verwundbaren wie auch im Rahmen der explodierten Ölpreise teuren Spezialeinheit fast völlig zum Erliegen gebracht hatte.

Erst als wir die Grenze vom 10. zum 3. Arrondissement überquerten, welche durch ein MG-Nest aus Nato-Draht und Betonpollern markiert wurde, änderte sich der Eindruck. Verschwunden waren die Brandspuren, die leeren Läden und Autowracks, verschwunden auch die schwerbewaffneten Sicherheitskräfte, welche sich nunmehr, wie jeder wußte, in Zivil unter die Passanten mischten oder auf den Dächern plaziert waren. Nur das freundlich lächelnde chinesische Wachpersonal, welches seit einigen Jahren von der Volksrepublik zur Unterstützung der überforderten Polizisten in zahlreiche europäische Großstädte detachiert worden war und offiziell als Tourismusbegleitung fungierte, war dank seiner Spiegelglasbrillen und roten Regenschirme überall gut sichtbar. Die Chinesen, so hieß es, hatten bereits gute Dienste im Kampf gegen verwirrte Einzeltäter mit Migrationshintergrund sowie gegen die Bedrohung von rechts geleistet und vermochten es dank eines in ihre Brille integrierten Gesichtserkennungsmoduls, das mittlerweile liebevoll „Han Fei" getaufte chinesische Sozialkreditsystem ebenfalls auf die im Ausland befindlichen chinesischen Staatsbürger anzuwenden. Die Sehenswürdigkeiten der Pariser Kernstadt schienen, sehr zur Freude der Touristen, aufs schönste gepflegt und mittlerweile sinnreich mit chinesischen Hinweistafeln versehen, wie ohnehin chinesische Schriftzeichen omnipräsent waren, vor allem auf den Werbetafeln der allgegenwärtigen ostasiatischen Restaurants, welche längst die einheimische, für die Touristen aus dem Reich der Mitte ungenießbare Kost verdrängt hatten.

Auf einen kurzen Besuch des Louvre verzichtete ich, da ich schon von meiner letzten Reise wußte, daß viele der interessantesten Stücke infolge des sogenannten „grünen Bildersturms" der frühen 2020er entfernt oder zu den Außenstellen in der arabischen Welt und Ostasien verlagert worden waren, um das Publikum nicht durch die Darstellung ethnischer, sexistischer, religiös-intoleranter oder kriegsverherrlichender Stereotype zu verletzen, so daß mittlerweile fast ausschließlich nicht-figurative

Kunst geboten wurde, um den gerechten Volkszorn nicht unnötig zu provozieren. Auch einen Besuch der Kathedrale Notre Dame ersparte ich mir: Seit sie nach dem Brand des Jahres 2019 mit einem futuristischen Glasdach versehen und in ein Museum mittelalterlicher Religionsvielfalt mit angeschlossenem interkulturellen Begegnungsort umgewandelt worden war, wollte mir die Stätte nicht mehr recht behagen, wozu vielleicht auch der durch Rolltreppen ermöglichte unmittelbare Zugang zum unterirdischen Einkaufszentrum unter dem Kirchvorplatz beitrug.

Inhalt und Aufnahme meines Vortrags vor der polnischen Diaspora in Paris tun aus Gründen der Diskretion nichts zur Sache im Rahmen dieses kurzen Berichts; nur soviel sei erwähnt, daß der Ausgangspunkt eine Analyse der gegenwärtigen politischen Situation des Landes war, über die in den französischen Medien viel Widersprüchliches zu lesen war, das sich oft nur mit viel Einbildungskraft mit der Realität auf der Straße in Verbindung bringen ließ. Unbestreitbar war, daß es nach der zweiten Regierungszeit von Emmanuel Macron und inmitten der ersten Krämpfe der großen Wirtschaftskrise zu einem Wahlsieg des „Rassemblement National" (oder war die Partei mittlerweile wieder umbenannt worden?) gekommen war. Diesem war es allerdings nur gelungen, die Präsidentschaft zu erlangen, nicht aber, das Parlament zu kontrollieren. Wie zu befürchten, wurden die Wahlergebnisse von den europäischen Partnern mit Sorge vermerkt, von selbsterklärten unabhängigen Wahlbeobachtern angezweifelt und schließlich auch von Teilen der Zivilverwaltung nicht anerkannt; man munkelte von russischen, gar nordkoreanischen Manipulationen der Software. Da sich auch im Parlament keine klare Machtkonstellation ergab und Regierung wie Staatschef einander die Anerkennung verweigerten, war es bald zu widersprüchlichen Bürgerpetitionen, regionalen Teil-Neuwahlen sowie mehreren, teils mißachteten Parlamentsauflösungen gekommen, so daß bald überall größte Verwirrung herrschte und bis auf einige Notstandsgesetze zur Aufrechterhaltung der Ordnung eine völlige Paralyse zu beklagen war.

Erst als nach dem Ablauf der Präsidentschaft der Populisten und mit massiver Unterstützung einiger großer ausländischer Konzerne und Banken schließlich ein älterer General an die Spitze des Staates berufen wurde, schien es zunächst zu einer gewissen Beruhigung zu kommen. Doch erlangte auch er nicht die notwendige Mehrheit im Parlament, um den Plan einer umfassenden Staatsreform durchzusetzen; es hieß, gerade die mit einem überraschenden Achtungserfolg hervorgetretene royalistische Partei habe hier eine vorschnelle Stabilisierung der Lage verhindern wollen. Als dann die bis heute fortschwelenden, koordinierten islamistischen Aufstände in Marseille, Lyon, Brest und den Pariser Banlieues den Einsatz des Heeres erforderten, zeigte sich, daß auch das militärische Charisma des Präsidenten überschätzt worden war. Große Teile der Armee sympathisierten mit den Aufständischen und liefen mitsamt großer Waffenbestände zum Feind über, so daß es in der Folge, nachdem die Fremdenlegion durch eine Reihe brutaler Aktionen zumindest einen propagandistischen Erfolg erzielen konnte, zu einer Art Waffenstillstand gekommen war, bei dem der Staat implizit den Kontrollverlust über größere Teile des nationalen Territoriums zugab und anerkannte. Dies frustrierte natürlich die konservativen Kräfte, welche nach dem inszenierten Debakel des „Rassemblement National" zunehmend in den Untergrund getrieben worden waren und von der Provinz aus, wie gemunkelt wurde, zunehmend auf eine bewaffnete Reconquista Frankreichs und ein Aushungern Paris' wie 1871 abzielten. Schon seien weite Teile der Rhône-Mündung ebenso wie die nördlichsten Départements in den Händen der Aufständischen, und es sei nur eine Frage der Zeit, bis sich ihr Einfluß auch mit Waffengewalt weiter durch die Provinz ausdehne – nicht unähnlich den konservativen Hochburgen im Osten Deutschlands oder im Norden Italiens, die sich faktisch längst von den Hauptstädten losgesagt und ihre eigenen Gesetze erlassen hatten. Daher hatte wie in den meisten europäischen Staaten die EU die Kontrolle über die zerfallende Verwaltung übernommen, um die sich stetig vertiefende Wirtschaftskrise ihren Interessen gemäß zu steuern und das Chaos zu meistern. Die französische Wirtschafts- und Finanzpolitik bestand somit im wesentlichen darin, die Ratschläge der EZB umzusetzen, und eine Troika aus Vertretern von EZB, IWF und Kommission beriet Parlament und Regierung bei der diesbezüglichen Notstandsgesetzgebung – alles andere blieb der Initiative „bürgerlicher Kräfte" überlassen, also den islamistischen Zellen, der Antifa, den großen Konzernen, einigen privaten Akteuren und dem konservativen Untergrund.

Zum Glück war mein Vortrag nicht bis zu den Ohren der Staatsmedien gedrungen, welche sich in letzter Zeit ohnehin auf die Publikation von Sportergebnissen, bewegenden Einzelschicksalen und internationalen Resolutionen beschränkten, so daß keine organisierte Störung meiner Ausführungen und der sich anschließenden Diskussionen zu befürchten war. Trotzdem war ich glücklich, nach einer unruhigen Nacht, während der sich die Rufe der Muezzins mit den Erfahrungen des Tages zu bedrohlichen Träumen vermischten, die Stadt am frühen Morgen wieder verlassen zu können.

*

Am nächsten Morgen erfuhr ich allerdings, daß ein „Streik" – das Wort war zu einer geläufigen Umschreibung für alle Arten von Unruhen, Aufständen oder auch die Häufung logistischer Probleme geworden – die Nutzung des Hochgeschwindigkeitszuges, der mich eigentlich nach Brüssel, meinem nächsten Ziel, hätte bringen müssen, unmöglich machte. Glücklicherweise ergab es sich, daß ein mir befreundeter, eigens für meinen Vortrag angereister Gymnasiallehrer, der im Netz allerdings aus Angst vor Verfolgung nur unter einem Pseudonym auffindbar war, ohnehin eine Angelegenheit in der europäischen Hauptstadt zu regeln hatte, und so fuhr ich kurzerhand mit. Leider stellte sich heraus, daß der „Streik" nunmehr auch die direkten Zufahrtsstraßen zur A1 unpassierbar gemacht hatte, so daß wir gezwungen waren, uns unter Umgehung vieler Hemmnisse einen Weg durch die Vorstädte zu bahnen.

Was ich am Vortag nur erahnt hatte, war nun zur greifbaren Realität geworden. Weite Teile von Paris waren zu verarmten Slums verkommen: Mietanlagen des 19. Jh.s waren ebenso wie die postmodernen Wohntürme zu verdreckten, vielfach umgebauten Massenquartieren geworden; Bürgersteig, Grünanlagen und oft genug auch die Fahrstraßen hatten sich in einen Basar verwandelt, dem freilich angesichts des Nieselregens und grauen Himmels jeglicher orientalische Glanz fehlte; zu Schulbeginn stauten sich Ansammlungen kopftuchtragender und kinderwagenschiebender Frauen über mehrere Straßen; die meisten Geschäftsparterren bestanden aus Folgen unterschiedsloser Shisha-Bars, Lingerie-Boutiquen, Gemüsegeschäften, 1€-Läden und Döner-Restaurants; Kirchen waren in Obdachlosenheime oder Moscheen umgewandelt worden; und die letzten Reste staatlicher Präsenz – Verwaltungen, Polizeiwachen, Spitäler, etc. – waren entweder verwüstet und aufgegeben oder in wahre Festungen verwandelt worden. Auch der vor wenigen Jahren noch so gepriesene Multikulturalismus war einer klaren ethnischen Homogenisierung gewichen: Die Grenzen zwischen den schwarzafrikanischen, maghrebinischen und türkischen Gemeinden waren, wie Schriftzüge und Physiognomie verrieten, messerscharf gezogen, die Demarkationslinien – Grünanlagen, Parkplätze oder Avenuen – ein Niemandsland, oft genug bewohnt von Obdachlosen oder Drogensüchtigen, welche von keiner der jeweiligen Gemeinden akzeptiert wurden und in Pappkartons und Matratzenkonstruktionen hausten.

Dreimal wurden wir von bewaffneten Jugendlichen angehalten, von denen einige die Armbinde mit der Tughra des „Imam" trugen, jenes geheimnisvollen verborgenen Revolutionsführers, der hinter dem gerade erst zurückliegenden islamistischen Aufstand stecken sollte, bei dem ein Großteil von Brest dem Erdboden gleichgemacht worden war (architektonisch gesehen möglicherweise sogar eine Gnade, wie von konservativer Seite zynisch kommentiert worden war). Wer weiß, ob die freiwilligen „Spenden", welche die südländischen Jungmannschaften mittels der elektronischen Zahlungsfunktion ihres Smartphones einforderten, tatsächlich der Befreiung Palästinas, der Unterstützung der örtlichen Sozialarbeiter und Drogenberater und der Gründung eines französisch-afghanischen Freundschaftsforums galten, oder ob sie auf verschlungenen Wegen die Kassen der Aufständischen füllten? Sieht man von einem wohl irrtümlich geworfenen Stein ab, welcher aber nur einen kleinen Riß in der Windschutzscheibe des Wagens meines Freundes verursachte, sowie einigen Schrammen, welche wir uns zuzogen, als wir uns zwischen einem Basarstand und einigen Gemüsekisten durchzwängen mußten, verlief die morgendliche Odyssee durch die Pariser Vorstädte recht problemlos, und bald fanden wir uns aufatmend auf der Autobahn in Richtung Norden wieder.

Die A1 und A2 waren, ebenso wie einige andere strategische Verkehrsstränge, im Zuge der jüngsten Notstandsgesetzgebung zu einer staatlichen Sonderzone erklärt worden, der man auch einige wichtige Industriezonen sowie die Trassen der Hochgeschwindigkeitszüge zugeordnet hatte, um somit die Versorgung von Paris und die wechselseitige Verbindung der wichtigsten Sekundärzentren und Industrieanlagen zu sichern. Das Mautsystem war daher so ausgebaut worden, daß es nicht nur stetig steigende Abgaben seitens der immer spärlicher gesäten Autofahrer ermöglichte, sondern im Ernstfall auch eine nahtlose Überwachung der gesamten Trasse durch Polizei und Armee. Diese war freilich sehr relativ, wie die regelmäßige Brandstiftung in größeren Chemiewerken, Fabriken oder Ölreserven zeigte, bei deren Aufklärung die Polizei weitgehend im Dunkeln tappte – oder zu tappen sich entschließen mußte, da die Verbrechen seitens der progressiven politischen Parteien mal als berechtigter Aufschrei gegen den Hyperkapitalismus, mal als mutiges Zeichen gegen die Umweltverschmutzung gewertet wurden. Auch hatte man bei der Reorganisation der Lebensadern der Republik die Möglichkeiten übersehen, die sich durch die Entwicklung der Drohnentechnik ergaben, wie wir bald am eigenen Leib erfahren mußten: Ein paar gezielt von einer Drohne abgeschossene Feuerwerkskörper hatten bei Ablaincourt-Pressoir eine Massenkarambolage mit kilometerlangem Rückstau hervorgerufen, und wenn wir nicht auf unabsehbare Zeit festgehalten werden wollten, mußten wir von der Autobahn abfahren und das Hindernis großzügig umgehen.

Dies stellte sich als schwieriger heraus, als vermutet, denn viele der Autobahnauffahrten waren in Anbetracht der Verödung des Landes aus finanziellen Gründen geschlossen und zugemauert worden. Meine letzte Reise durch die nordfranzösische Provinz lag zwar schon längere Zeit zurück, doch hatte ich damals schon mit Erschrecken feststellen können, daß viele Dörfer und Kleinstädte nur noch von einigen wenigen älteren Menschen bewohnt wurden. Von diesen waren allerdings, wie es die unerbittliche Logik der Statistik wollte, in den letzten Jahren die meisten verstorben, und mittlerweile schien an vielen Orten eine gewisse kritische Masse – oder eher eine kritische Leere – erreicht worden zu sein, so daß zusammen mit dem Verschwinden jener letzten Einwohner auch die letzten logistikorientierten Gewerbezweige wie Banken, Post, Kleinstladen und Batterieaufladestellen unrentabel geworden waren. Angesichts der sich hieraus ergebenden Gefahr einer Überdehnung der ohnehin spärlich gesäten Infrastruktur und einer wirtschaftlichen Implosion war man daher auf den Gedanken gekommen, nicht nur den Zuzug in einige größere Zentren zu fördern, welche leidlich autonom funktionieren konnten, sondern auch die kleineren Ortschaften gänzlich aufzulösen und alles Nützliche zu demontieren, damit es nicht Plünderern in die Hände fiel. Und so fuhren wir denn, halbwegs parallel zur Autobahn, über viele Dutzend Kilometer durch eine Art Niemandsland verlassener, selbst ihrer Ortsschilder entblößter Dörfer und Kleinstädte, das gespenstisch an den amerikanischen Südwesten erinnerte. Es war ein Segen, daß wir kurz vor der Abfahrt von der Autobahn die Batterie unseres Elektromotors aufgeladen hatten, ansonsten wären wir wohl unerbittlich im Nirgendwo steckengeblieben.

Diese ländliche Verödung, so mein Fahrer, beschränke sich nicht nur auf den Norden des Landes, sondern präge mittlerweile den ganzen Staat; auch immer größere Teile Deutschlands wie die Eifel oder der Osten seien betroffen. Doch sei es ein offenes Geheimnis, daß einige der verlassenen Dörfer mittlerweile durchaus wieder besiedelt worden seien; vor allem im Süden, wo sich zahlreiche afrikanische Flüchtlinge, welche aufgrund von Bandenrivalitäten aus den großen Städten wie Marseille, Toulouse oder Lyon vertrieben worden seien, sich in den verlassenen Häusern eingerichtet hätten, hier eine bescheidene Subsistenzwirtschaft betrieben und das tägliche Leben nach ihren eigenen Regeln ordneten, was freilich auch häufige Territorialkämpfe auslöste. Auch andere Gruppen fanden in den Ruinen der westlichen Welt ein neues Zuhause: Kurz vor Cambrai hörten wir aus der Nähe Glocken läuten und sahen, als wir an der Ortschaft Sorel vorbeifuhren, eine kräftige Gestalt in Soutane, begleitet von einer bäuerlich gekleideten Gruppe bewaffneter Menschen auf dem Weg zur benachbarten Kirche, in den Händen eine blaue Fahne mit golden schimmernden Lilien. Nicht überall ging das Abendland völlig kampflos unter, schien es.

*

Nach ereignisloser Fahrt durch Belgien, wo allerding die hell erleuchtete Autobahn infolge von seit vielen Jahren begonnenen, aber nicht mehr finanzierbaren Straßenarbeiten nur noch einspurig verlief, kamen wir schließlich am frühen Abend in der EU-Hauptstadt an. Ihr Status als „belgische" Hauptstadt war mittlerweile weitgehend gegenstandslos geworden, seitdem die schon jahrelang andauernde Staatskrise zur faktischen Auflösung des Landes und der Übertragung sämtlicher in diesen Krisenzeiten überhaupt noch relevanter Befugnisse an die verschiedenen Gliedstaaten geführt hatte: Das Land wurde nur noch durch seine Umrisse auf den Landkarten zusammengehalten, und die Tätigkeit seiner Regierung erschöpfte sich neben dem Auftritt auf Staatsphotos und dem Gegenzeichnen europäischer Direktiven im wesentlichen in der Inanspruchnahme der entsprechenden, trotz Krise in schöner Regelmäßigkeit erhöhten Ministergehälter. Und da in Brüssel selbst mittlerweile ohnehin kaum noch ethnische Belgier wohnten, sondern die Stadt sich wesentlich in ein EU-, ein Touristen-, ein kongolesisches und ein muslimisches Viertel teilte, hatte sich auch der alte flämisch-wallonische Sprachenstreit elegant in Nichts aufgelöst.

Weil unser Weg vor allem durch die gut geschützten und immer noch wohlhabenden südlichen Villenvororte der Stadt verlief, gestaltete sich das Durchkommen weitgehend problemlos.

Nur in der Nähe der Freien Universität Brüssel waren wir längere Zeit blockiert: Die Studenten der für ihre Weltoffenheit und ihren kritischen Geist bekannten Bildungsstätte, meist Sprößlinge wohlhabender Funktionäre oder gutdotierter Aktivisten, welche die wohlbehüteten Vierteln außerhalb der Stadt bewohnten, begingen ihre jährliche „Studententaufe" und sammelten in kunstvoll beschmutzten Laborkitteln nicht nur Geld für den rituellen Bierkonsum, sondern demonstrierten auch, Plakate schwenkend und Arm in Arm mit ihren Lehrkräften, gegen Islamophobie, Kapitalismus, Homophobie, Populismus, Klimawandel und das pädophil-fundamentalistische Christentum sowie ganz allgemein für die Europäische Union. Vor allem einige jüngere Medizinstudentinnen mit blaugefärbten, kurzgeschnittenen Haaren schienen sich vor den anderen hervortun zu wollen und skandierten bereits lallend: „L'IVG / m'a libérée" („Die Abtreibung hat mich befreit"), was sich sicherlich nicht auf die medizinische Vorgeschichte ihrer Mütter bezog, wie ich vermutete. Ob sie selbst bereits einschlägige Erfahrungen auf diesem Gebiet gesammelt hatten? Möglich war dies sicherlich, seit Abtreibungen auch in Belgien bis zur ersten Woche nach der Geburt erlaubt worden waren, wenn eine Beeinträchtigung der Selbstentfaltung der „schwangeren Person" zu befürchten war, wie die amtliche Bezeichnung für werdende Mütter mittlerweile hieß. Ob wohl ein Zusammenhang bestand zwischen der schon fast pathologischen Sterilität der Westeuropäer, den zunehmenden Mißbildungen bei Föten und der Allgegenwart verschiedenster medizinischer Verhütungsmittel? Die Studentinnen der ULB waren sicherlich die letzten, die darauf eine Antwort gewußt hätten: Seitdem ein

Präservativ es vor mehr als einem Dutzend Jahren auf das Logo der Freien Universität geschafft hatte, welche stolz darauf war, seit jeher eine Vorreiterrolle bei der „Selbstbestimmung" der Frau zu spielen, wäre eine Infragestellung der gegenwärtigen Sexualpolitik oder gar eine Kritik am nahezu industriellen Massenmord ungeborener Kinder gleichbedeutend mit der Exmatrikulation gewesen.

Das EU-Viertel selbst war in der Zwischenzeit nach der spektakulären Explosion in der gerade erst neueröffneten Metrostation Schuman (offiziell aus Klimagründen) zur verkehrsfreien Zone erklärt und breiträumig ummauert worden; der Zutritt war ähnlich wie der einer Flughafenanlage gestaltet und nur nach umfangreichen Kontrollen gestattet. Die Notwendigkeit dazu leuchtete mir auch außerhalb der terroristischen Bedrohung unmittelbar ein, denn das Areal war gerade von tausenden wütenden Demonstranten umsäumt, welche gegen die grassierende Massenarbeitslosigkeit und die schleichende Entwertung ihres spärlichen Besitzes protestierten. Zelte und einige offensichtlich besetzte Häuser zeigten, daß es sich bei dieser Belagerung wohl um einen Dauerzustand handelte; kaum verwunderlich angesichts der massiven Verarmung des Durchschnittseuropäers durch Negativzinsen, verschiedenster Umweltabgaben und die stetig steigenden Immobiliensteuern, welche nach dem Platzen der Immobilienblase zum Massenbankrott kleiner Haushalte geführt hatte, so daß man mittlerweile selbst im Herzen Europas Zustände beobachten konnte, die man vor zwei Jahrzehnten nur aus Griechenland und Spanien kannte.

Nachdem ich den Metalldetektor durchschritten hatte, eröffnete sich allerdings eine andere Welt: Einmal innerhalb des EU-Viertels angekommen, erinnerten mich die Freiheit der Bewegung, die Höflichkeit des Umgangs, die Sauberkeit der Straßen, die gut bestückten Geschäfte und die sympathischen Cafés jener Trutzburg der Demokratie allerdings fast an die Unbekümmertheit des täglichen Lebens in Warschau, und ich konnte fast verstehen, wieso viele der in diesem Elysium akkreditierten Entscheidungsträger den Gerüchten aus der Außenwelt entweder keinen Glauben schenkten oder sie auf den bösen Willen einiger Miesepeter, Ausbeuter oder Populisten zurückführten.

Freilich wurde mein guter Eindruck rasch getrübt, als ich später, nachdem ich mich von meinem Fahrer dankend verabschiedet hatte, mit jenen konservativen Mitgliedern des Europäischen Parlaments sprach, denen mein Besuch galt, dessen Inhalt hier nichts zur Sache tut. „Schauen Sie einmal auf die Kameras", forderte mich einer meiner Gesprächspartner auf, ein schon älterer ehemaliger Universitätsprofessor aus Ostmitteleuropa. Die waren mir natürlich auch schon aufgefallen und schienen in der Tat zahlreicher als bei meinem letzten Besuch. Darum ging es allerdings nicht, wie ich bald erfuhr: Die EU hatte – ob wissentlich oder in grenzenloser Naivität – die Entscheidung der Volksrepublik China tatenlos zur Kenntnis genommen, nicht nur chinesische Staatsbürger, sondern auch alle anderen Bürger, welche in der einen oder anderen Weise mit dem Reich der Mitte interagierten, mit einer Sozialkreditnummer zu versehen, welche dort über wesentliche Fragen wie Schulbesuch, Reiseerlaubnis, Kreditwürdigkeit oder Lageraufenthalt entschied. Da der chinesische Staat aus verständlichen Gründen die Gesamtheit der europäischen Entscheidungsträger als für die eigene Sicherheit relevant betrachtete, war es daher schon bald zu einer lückenlosen Erfassung gekommen – und die sich hieraus ergebenden Perspektiven waren der europäischen Verwaltung im Sinne des Personen-, Verfassungs-, und Datenschutzes wie auch zur allgemeinen Effizienzsteigerung so interessant erschienen, daß man das ganze System mitsamt der von den Chinesen dankenswerterweise kostenlos überlassenen Software versuchsweise auch auf das Brüsseler EU-Viertel übertragen hatte. „Alles, was ich tue und sage – und auch alles, was Sie tun und sagen, da Sie sich ja am Eingangsbereich registriert haben –, wird hier nicht nur überwacht und aufgezeichnet, sondern auch doppelt bewertet, sowohl in Brüssel als auch in Peking – und, wer weiß, vielleicht auch in Washington", fürchtete mein Gastgeber, „auch in den scheinbar abhörfreien Fraktionsräumen. Man erinnert sich schließlich an den gar nicht so weit zurückliegenden Skandal in der Panafrikanischen Union ..."

Trotzdem erwies sich das Gespräch als sehr ergiebig, da mir viele der sonst in den Medien nur verstreut erwähnten Ereignisse in ihrem allgemeinen Zusammenhang klar wurden und mir somit bei der Ausarbeitung der mir aufgetragenen Mission halfen. Der weltpolitische Kontext war noch bedrückender, als ich dies erwartet hatte. Die USA, soviel war klar, würden sich in Europa nicht weiter engagieren wollen: Auch sie waren mit voller Wucht von der Wirtschaftskrise getroffen worden, und der staatliche Zusammenhalt der Bürger war nach der Ermordung Donald Trumps in solche Auflösung geraten, daß selbst eine Sezession einzelner Bundesstaaten nicht unmöglich schien. Zwar bestand die NATO formal immer noch weiter; die russische Annexion empfindlicher Teile des Baltikums durch „separatistische Aufstände" sowie die Union zwischen Rußland und Weißrußland hatten allerdings keinerlei nennenswerte Reaktionen seitens der Amerikaner und nur müde Protestnoten seitens der Europäer hervorgerufen. Ein Auseinanderbrechen des Bündnisses schien keineswegs unmöglich, sollte der abzusehende Versuch einer Landbrücke nach Kaliningrad zur Zerreißprobe führen. Und würde sich Polen alleine auf eine Auseinandersetzung mit Rußland einlassen, wohl wissend, daß selbst der Visegrad-Bund in dieser Frage geteilter Meinung war? Auch hatte das polnisch-russische Tauwetter nach dem lange vorbereiteten Rücktritt Wladimir Putins selbst in Warschau Zweifel belebt, ob das sich auflösende Westeuropa tatsächlich auf lange Sicht hin der bessere Bündnispartner sei als der dezidiert kulturkonservative Osten. Doch wer steckte hinter Rußland? Es war klar, daß ein Bündnis mit Rußland letztlich die Unterwerfung unter den eigentlichen Hegemon Eurasiens bedeutete: China – und welchen Wert chinesische Versprechen hatten, zeigte die schrittweise Sinisierung des Amur-Gebiets, welche sich schon jetzt auch in ersten territorialen Forderungen niederschlug. Und während der Osten Sibiriens wie zur Zeit der Qing erneut chinesisch zu werden drohte, waren der Südwesten ebenso wie auch das Kaukasusvorland mittlerweile schon weitgehend islamisiert, so daß ein Zerfall Rußlands, sobald seine Rolle als Steigbügelhalter Chinas erfüllt war, nicht auszuschließen war – eine verfluchte Klemme für alle Beteiligten! Und ob es einem um den moskowitischen Raum erweiterten, auf den Trümmern des alten polnisch-litauischen Imperiums neuentstandenen Trimarium gelingen würde, sich als letzter Hort christlich-abendländischer Zivilisation gleichzeitig gegen den chinesischen Druck von Osten, die islamische Expansion von Süden und das steigende Chaos in Westeuropa zu behaupten?

Von diesen geopolitischen Spekulationen kamen wir dann notgedrungen auf die Verhältnisse innerhalb der EU zu sprechen. Daß diese weiterhin bestand, wurde zwar in den Medien als eine Art Wunder beschrieben; tatsächlich aber war nur noch eine leere Hülle geblieben, deren einzige Funktion in der Verlängerung der gegenwärtigen Agonie bestand, nicht aber in ihrer Überwindung. Sicher, der Euro war (wieder) „gerettet" worden. Aber der Preis – die Abschaffung des Bargelds, die schrittweise Enteignung der Sparer durch Niedrigzinsen, die gemeinschaftliche Haftung aller für jeden einzelnen Mitgliedstaat – hatte die soziale Polarisierung und politische Radikalisierung des Kontinents nur verschärft. Und wenn es auch schien, daß die herrschende Elite immer wieder siegreich aus jeder neuen Runde der Niedergangsspirale hervorging, war es doch nur eine Frage der Zeit, bis die schiere Masse der frustrierten Europäer wie auch das Gewicht der längst abgekoppelten Parallelgesellschaften, die hochtechnisierten Barrieren der Refugien der Reichen und Mächtigen überwinden würde, wie dies jetzt schon mit schöner Regelmäßigkeit bei der Erstürmung und Brandschatzung von sekundären Verwaltungsgebäuden geschah. Sicher, die britische Krise war schließlich doch abgewendet worden, doch nur um den Preis erheblicher Zugeständnisse und einer solchen Destabilisierung der inneren Verhältnisse des Vereinigten Königreichs, daß dieses bis heute als signifikanter politischer Akteur ausgeschieden war.

Sicher, der vom deutsch-französischen Tandem vorangetriebene und seit Mitte der 2020er Jahre umgesetzte EU-Reformprozeß hatte die Gemeinschaft verschlankt, aber die scheinbar gewonnene Handlungsfähigkeit hatte letztlich nur die bestehenden Divergenzen vertieft: Weite Teile Ostmitteleuropas waren zu Parias erklärt worden; der Kampf gegen den Klimawandel hatte Westeuropa in einen bürokratischen Zwangsstaat verwandelt und war zu einem weiteren Mechanismus bei der systematischen Umverteilung von Arm auf Reich geworden; der Einsatz für mehr Toleranz hatte zu einer massiven Repression der konservativen Kräfte geführt, die sich nunmehr, in den Untergrund getrieben, tatsächlich radikalisiert hatten; die Fixierung auf Minderheitenrechte hatte zu einer maßlosen Quoten-Vertretung von LGBTQ-Verteidigern, ethnischen Minoritäten und strenggläubigen Muslimen in allen wesentlichen Entscheidungsgremien geführt usw. Für die wirklich wichtigen Fragen war schlichtweg kein Geld (oder Wille) übriggeblieben, und so verrotteten die wichtigen Infrastrukturen vor sich hin, landeten Forschungsgelder ausschließlich im Bereich von Genderforschung und sonstiger Initiativen, war die internationale Zusammenarbeit bei der Verbrechensbekämpfung fast völlig eingestellt worden, und blieb die Mittelmeergrenze so ungeschützt, daß täglich zehntausende neuer Migranten den Boden Europas betraten.

Ohne es zu merken, hatte die herrschende Elite ein System geschaffen, welches das Prinzip „divide et impera" gewissermaßen ad absurdum geführt hatte, schloß mein Gesprächspartner: Nur noch auf eine zerfallende polizeistaatliche und bürokratische Infrastruktur gestützt und ohne jeglichen tatsächlichen Rückhalt in der Bevölkerung, sei es von der Allmacht in die Bedeutungslosigkeit nur noch ein kleiner Schritt, sobald die verschiedenen, bislang gegeneinander ausgespielten Bevölkerungsgruppen und Minoritäten endlich zu dem Schluß gekommen seien, daß „der Kaiser nackt ist" – und daß die ungeteilte Macht über den Staat für jeden zum Greifen nah sei, der über die nötige Macht und die strategische Weitsicht verfüge, das eigene Lager zu einen und dem Gegner sowohl eine vernichtende Niederlage als auch einen daran anschließenden, vernünftigen Kompromiß vorzuschlagen – seien es nun die zunehmend geeint auftretenden, radikal-konservativen Hesperialisten, oder seien es muslimische Gruppen wie die um den „Imam". „Und die Linksliberalen?", fragte ich. Mein Gesprächspartner schwieg geheimnisvoll und blickte nur in die Kamera.

∗

Das Gespräch war bedrückend gewesen, und die Tatsache, daß es am nächsten Morgen zu einer schweren Explosion gekommen war, verdüsterte meine Stimmung umso mehr: Mitten in der traditionellen Brüsseler Einkaufsmeile, die freilich seit einigen Jahren wie die meisten anderen ihrer Art zu einem Ramschviertel verkommen war, seien mehrere Sprengsätze gezündet worden und zahlreiche Todesopfer zu beklagen, vor allem muslimische und afrikanische Immigranten. Ein Bekennervideo hatte jeden Zweifel über die Motivation der Tat ausgeräumt; die rasch zusammengerufenen Experten sprachen lustlos von bedenklichen psychischen Störungen des Einzeltäters mit trauriger Kindheitsgeschichte und forderten härtere Maßnahmen gegen den Rassismus. Wahrscheinlich war ich in der ganzen Stadt der einzige, der die Sendung überhaupt schaute; ein Großteil der Menschen bezog seine Informationen sowieso nur noch von Al-Djazeera oder dem in schöner Regelmäßigkeit gesperrten RT. Ich war mehr als glücklich, dieser Stadt, in der ich einstmals zehn Jahre gearbeitet hatte, wieder zu entkommen.

Von meiner Fahrt in den Süden der Niederlande bleibt mir kaum noch eine Erinnerung, wenn mir auch bei der Durchfahrt durch Maastricht erneut in Erinnerung kam, wie sehr ich seit jeher jene Kombination von reinlichem Merkantilismus und sittlichem Laissez-faire verabscheut habe: Das Nebeneinander zwischen dem gepflegten „Kaffee und Kuchen" der heutigen Rentner-Generation – Nachkommen und Vollender der 68er Revolution – und den schmutzigen „Coffeeshops", aus denen das gesamte Umland einst legal seine Drogen bezogen hatte, bevor Verkauf und Konsum auch in den Nachbarländern erlaubt worden war, stellte für mich gewissermaßen den Inbegriff der Relation von Ursache und Wirkung im gesellschaftlichen Großmaßstab dar. Daß die Stadt bis auf einige schwerbewachte Konsumtempel, in denen eine lustlos über ihre Smartphones gebeugte Jugend die orientierungslose Zeit zwischen Schule und Schlafengehen totschlug, weitgehend in den Händen strenggläubiger indonesischer Muslime war, schien schon fast eine gerechte Strafe für den lange zurückliegenden Verrat der Ureinwohner an jeglicher Form der Geistigkeit.

Ich war in der Provinz Limburg bei einer christlich-konservativen Vereinigung zum Vortrag über Oswald Spengler eingeladen worden, dessen Vorhersagen sich gerade heute in schauerlichster Weise zu erfüllen drohten, und freute mich darauf, einige gute

Bekannte wiederzusehen. Der Verein hatte in einem schloßartigen Wehrbauernhof ein Quartier gefunden und diesen, wie ich bei der Anfahrt feststellte, wohl noch weiter befestigt. Nur noch eine einzige Brücke führte über den verbreiterten Wassergraben; die Fenster des ersten Geschosses waren teils zugemauert, teils vergittert worden; Überwachungskameras waren auch hier allgegenwärtig; und mir schien, als blitze vom höchsten Turm des Gebäudes ein klobiger Gewehrlauf. „Christlicher Lesezirkel" – das war alles, was auf dem Klingelschild stand, doch ich wußte, daß dieser Zirkel – so wie hunderte andere, die in den letzten Jahren überall in Europa im Rahmen jener konservativen geistigen Wiedergeburt gegründet worden waren –, viel mehr war: Bildungsstätte, Bibliothek, Kaderschmiede, Refugium, Trutzburg, heiliger Raum. Überall in Europa hatte der innere Zusammenbruch eines rein utilitaristischen und ideologisierten Bildungssystems das Bedürfnis nach echter Selbstwerdung hervorgerufen, und wenn jene immer zahlreicheren konservativen Institute, Seminare und Bibliotheken auch keinerlei anerkannten Diplome zu verteilen in der Lage waren, so waren sie doch auf dem besten Weg, eine neue Generation von Europäern zur Tat zu inspirieren.

Der Empfang war gewohnt herzlich, und nach Vortrag und Diskussion führte mich der Hausherr, tadellos gekleidet und mit kurzgeschnittenem Haar, das ein wenig an die 1930er erinnerte, mit leuchtenden Augen durch den Hof und erklärte mir seine neuen Einrichtungen. Alles war fachmännisch durchdacht und mit militärischer Präzision umgesetzt worden: Die Ländereien, so erklärte er, seien imstande, im Notfall fünfzehn Familien zu ernähren, und so bestellt, daß sie eine möglichst umfassende

Ernährungsgrundlage böten. Zwar sei zu befürchten, daß die vor einiger Zeit in Frankreich erlassene Sondersteuer auf privaten Gemüseanbau zwecks gleichberechtigter Ausgangslage aller Marktteilnehmer bald auch auf die Niederlande übergreifen werde. Aber er gehe davon aus, daß Den Haag bald einfach die Machtmittel fehlen würden, Gesetzesübertretungen außerhalb der großen Zentren wirkungsvoll zu ahnden. Schon jetzt stünde das, was im Bezirk an Polizei überhaupt noch übrigblieb, klar auf seiner Seite, und die fremdstämmigen Sicherheitskräfte kehrten sich eher an ihren innergemeinschaftlichen Streitigkeiten als um die Verfolgung konservativer Zirkel. Die in den gewölbten Ziegelkellern aufbewahrten Reserven an Lebensmitteln und strategischen Überlebensgütern reiche für zwei Jahre aus; auch die Stromversorgung über Solaranlagen und einige Windräder ließe sich vom allgemeinen Netz abtrennen und ermögliche eine bescheidene Unabhängigkeit; und das Wasser entstamme einer Zisterne.

Das Bargeldverbot ermöglichte zwar keine echte monetäre Reservenbildung, aber schon vor längerer Zeit, als das Edelmetallverbot noch nicht in Kraft getreten war, habe man eine bescheidene Menge kleinerer Goldprägungen angesammelt, welche es ermöglichte, jetzt schon außerhalb jeder staatlichen Kontrolle regelmäßig überlebenswichtige Güter zu besorgen. Zwar sei der „Lesezirkel" so diskret, daß bislang keine staatliche Gängelung zu fürchten sei; die Digitalisierung der wichtigsten lebensnotwendigen Transaktionen lasse aber beständig fürchten, durch elektronische Sperrungen ganz auf sich selber zurückgeworfen zu werden. Was die Bewaffnung angehe, zeigte er sich unglücklich: Er habe zwar für alle erwachsenen Mitglieder seiner Gemeinschaft Hand- und Schnellfeuerwaffen mit ausreichender Munition – einiges sogar legal, wie er listig zwinkernd betonte –, und auch einige Drohnen seien für eine kriegerische Nutzung umgerüstet worden, aber ohne schwerere Geschütze oder gar ein kleineres Raketenabwehrsystem fühle er sich immer noch sehr verwundbar. Als ich ihn fragte, wie er sein kleines Heer denn finanziere, hüllte er sich in Schweigen, machte aber einige Andeutungen dahingehend, daß nicht alle einflußreichen Kräfte dieser Welt der linksliberalen Ideologie huldigten oder der Islamisierung der Gesellschaft mit Enthusiasmus entgegensähen. Ich gab zu bedenken, daß eine noch stärkere Militarisierung des gegenwärtigen Konflikts sicherlich auch den Feinden Europas in die Hände spielen, sein Geld also möglicherweise nicht aus gänzlich desinteressierten Quellen stammen könnte. Aber das hatte er sich offensichtlich schon selber ausgerechnet und erklärte nur kryptisch: „Manchmal muß man sich eben die Hände schmutzig machen und auf Gott vertrauen."

Der Tag schloß mit einer katholischen Messe alter Ordnung, welche von einem Geistlichen mit leicht luxemburgischen Akzent ad orientem gelesen wurde, denn schon vor einigen Jahren hatte sich die latent seit dem Zweiten Vaticanum vorhandene Spaltung der Kirche in ein echtes Schisma verwandelt: Als nach dem Abtreten jenes umstrittenen 112. Papstes und der systematischen Umwandlung vieler Kirchen in interreligiöse „Häuser des Einen" eine Gruppe konservativer Kardinäle verschiedenster Erdteile die gegenwärtige Kurie schließlich als häretisch verurteilt hatte, entschloß sie sich auch, erstmals seit vielen Jahrhunderten Kirchengeschichte einen Gegenpapst auszurufen. Jener erste schwarzafrikanische Papst war rasch zum Idol der konservativen Katholiken geworden, obwohl oder gerade weil er in den meisten Staaten vom Zugriff auf kirchliche Finanzmittel ausgeschlossen worden war und gemeinhin als „Populist" verschrien wurde. Ich betrachtete mit Staunen und Bewunderung, wie viele ernste junge Menschen beiderlei Geschlechts mein Gastgeber aus ganz Westeuropa versammelt und auf seine Ziele eingeschworen hatte: Mädchen mit langem Haar und strengen Madonnengesichtern, junge Männer mit kantigem Kinn und traurigem Blick. Es schien nicht nur im Osten, sondern auch in Westeuropa eine Jugend heranzuwachsen, welche verstanden hatte, daß ihre Aufgabe darin lag, für die Irrtümer und Sünden ihrer Eltern und Großeltern zu büßen, und welche diese Mission ebenso tapfer wie demütig annahm. Gerade in diesen Zeiten war dies eine auch seelisch schwere Aufgabe, denn die Anfang der 2020er erfolgte Ankündigung, daß trotz gleichbleibenden, ja gar steigenden Sozialabgaben keinerlei Aussicht für die gegenwärtige Generation bestand, eines Tages selber eine nennenswerte Rente erwarten zu können, hatte überall in Westeuropa zur Plünderung von Seniorenresidenzen und zu heftigen Ausschreitungen gegen ältere Menschen geführt. Deren Zuwendungen blieben nämlich unangetastet, was kaum erstaunte, bedachte man, daß sie das wesentliche Wählerpotential der ansonsten nahezu bedeutungslosen Systemparteien ausmachten und regelmäßig „gegen den Faschismus" agitierten, den sie entgegen jeglicher Wahrscheinlichkeit selbst noch irgendwie gekannt zu haben vorgaben oder möglicherweise gar glaubten.

Das Abendessen – spartanische Kost aus eigenem Anbau, gemeinsam an großer Tafel eingenommen –, wirkte eher wie eine Fortsetzung des Gottesdienstes, zumal das Mahl begleitet wurde von einer Lesung einzelner Aphorismen von Nicolás Gómez Dávila. Erst nach dem Essen, als mein Gastgeber mich und einige ausgewählte Mitkämpfer in die Bibliothek zu einem letzten Trunk lud, hatte ich Gelegenheit zu einem vertieften Austausch. Der europäische Konservatismus habe, so dozierte er, erst wieder den Geist des mittelalterlichen Mönchtums entdecken müssen, bevor er vor sich selbst und anderen Glaubwürdigkeit beanspruchen konnte. Erst, als allen Beteiligten ganz klar wurde, daß es nicht um eine bloße Wiederherstellung der angeblich „guten alten Zeit" des späten 20. Jh.s ging, die in sich ja bereits alle Keime des heute aufgeblühten Übels getragen habe, sondern vielmehr um eine Reise ins Ungewisse, ähnlich derjenigen der Kreuzritter und Mönche – erst dann sei der Kampf auch geheiligt worden; habe sich erstmals offenbart, daß sich das Opfer lohne und – vielleicht – von oben begünstigt werden könne. Dabei gelte es freilich allezeit, immer wieder die Schlacke des Liberalismus abzustoßen – ein schwerer Prozeß, da es eben nicht nur um politische Belehrung, sondern auch seelische Läuterung gehe.

Es dürfe dem echten Konservativen daher auch keineswegs, setzte er fort, um eine Stabilisierung der gegenwärtigen Verhältnisse gehen, zumindest nicht in Westeuropa: Im Gegenteil müsse alles dafür getan werden, das Wankende auch noch niederzureißen, um die bestehende Agonie endlich zu Krisis und Katharsis zu führen. Es sei ein schwerer Weg gewesen, zum gegenwärtigen hesperialistischen Bund der konservativen Parteien Europas zu gelangen, und selbst jetzt sei die Einheit brüchig und jederzeit davon bedroht, durch die kulturellen Eigenheiten der verschiedenen europäischen Mitgliedstaaten wieder in sich zusammenzufallen. Aber es seien in jeder Krisensituation paradoxerweise die Systemparteien gewesen, deren ideologischer Extremismus ihre Gegner von neuem zusammengeschweißt und auf das Wesentliche ausgerichtet habe. Diese Parteien seien zwar mittlerweile bis zur Unkenntlichkeit mutiert und in ihrem Bestand bis hin zur Agonie geschrumpft, stellten aber zusammengenommen – dank der Kontrolle über die Massenmedien, einiger geschickter Wahlrechtsreformen und systematischer Manipulation bei der Stimmenauszählung – eine (freilich sehr knappe) politische Mehrheit dar. Das Zeitalter der Parteien sei aber, so mein Gastgeber, ohnehin längst vorbei, und das Zeitalter der großen Individuen angebrochen und somit, ob die Linksliberalen es wollten oder nicht, eine eminent konservative Epoche. Macron und Trump seien, jeder in seinem politischen Bereich, erste Symptome jener charismatischen Verengung gewesen, welche stark an die ausgehende römische Republik mit Figuren wie Pompeius und Catilina erinnerten; und die Entwicklung der letzten Jahre verstärke noch diese Tendenz. Schon seien, auch unter dem indirekten Einfluß des Imams und von der breiten Masse unerkannt, erste Gestalten hervorgetreten, die vielleicht berufen sein könnten, die letzten gesunden Kräfte des Abendlandes erneut zu einem (wenn auch vielleicht nur kurzfristigen) Sieg zu führen: Sei es nun jener einflußreiche dänische Börsenmakler, dessen wachsendes Medienimperium jeder Zensur spotte und gnadenlos die Verfallserscheinungen der Gegenwart anprangere, während sein privater Sicherheitsdienst zunehmende Beliebtheit in den Landstädten gewinne; sei es jener spanische Schuster, der in Nordkastilien eine eigene Republik ausgerufen habe, die sich bis heute jeglichem Versuch Madrids entziehe, ihn zur Raison zu bringen; oder viele andere – alle diese Gestalten zu härten und stählen und gleichzeitig das Volk fähig zu machen, sie zu erkennen und den Besten unter ihnen anzunehmen, sei wahrscheinlich ohnehin der einzige metaphysische Sinn jener dunklen Zeiten, raunte mein Gastgeber in fast schon George'scher Manier. Und wer weiß, ob sich im Kampf der nächsten Jahre und Jahrzehnte nicht vielleicht sogar ein später Nachzügler eines der alten kaiserlichen Adelsgeschlechter bewähre, schloß er seine Ausführungen.

Hier fielen mir allerdings vor Müdigkeit schon die Augen zu, und ich bin mir nicht sicher, das Letztere völlig verstanden zu haben. Ich entschuldigte mich daher auch recht bald, um mich in mein einfach eingerichtetes, mönchisches Zimmer zu begeben, und versank zum ersten Mal seit Beginn meiner Reise in einen tiefen, traumlosen Schlaf.

*

Der nächste Morgen sah den Beginn des letzten Tages meiner kurzen Reise durch Westeuropa, und es war mir trotz der gehobenen Stimmung des letzten Tages nicht unwohl dabei, mich allmählich wieder in Richtung Polen zu bewegen. Schon die Fahrt, auf den mittlerweile aufgrund von Brückeneinstürzen und ewig hingezogenen Reparaturarbeiten größtenteils unbrauchbar gewordenen und abgesperrten Autobahnen des Ruhrgebiets, erinnerte mich erneut an die schwere Situation Westeuropas und bestärkte mich in der Meinung, daß es Zeit für die Rückkehr war. Zwar hatte sich das Ruhrgebiet noch nicht faktisch von Berlin losgesagt, wie dies in einigen Teilen des Ostens des Landes der Fall war; jeder wußte aber, daß viele der dortigen Großstädte bis auf die Bürgermeisterebene hinauf ganz in den Händen türkischer und libanesischer Clans waren, welche eine systematische ethnische Homogenisierung der ehemaligen deutschen Arbeiterstädte betrieben. Auch die Entdeckung, daß mein Vortrag in Paris und mein Aufenthalt in Brüssel nunmehr mit den entsprechenden haßerfüllten Kommentaren auf einigen einschlägigen Seiten im Netz vermerkt waren, obwohl es sich doch bei beiden Anlässen eigentlich um strikt interne Veranstaltungen oder Gespräche gehandelt hatte, stimmte mich nachdenklich, und ich mußte wieder an die Kameras denken.

Ich bemühte mich daher bei meinem letzten kurzen Termin in Bonn um Eile, wo ich mich auf ein Interview mit einem befreundeten Intellektuellen mit der Physiognomie eines sanftmütigen Ordensbruders verabredet hatte, der eigentlich in Berlin in einer unscheinbaren, aber einflußreichen religiösen Einrichtung zu Haus war, die er scherzhaft die „Katakomben" nannte, und der zeitgleich für eine der in den letzten Jahren entstandenen konservativen politischen Gruppierungen arbeitete. Das Interview fand in einem der semi-professionellen Aufnahmestudios jener Gruppierung statt, und so waren wir denn nur halbwegs erstaunt, beim Verlassen des Gebäudes auf eine Reihe vermummter Gestalten zu stoßen, welche uns mit wüsten Beschimpfungen bedachten, ausgiebig photographierten und uns mit Farbstoffen bewarfen, bald aber abzogen, als sich andere Passanten zeigten. Die Konsequenzen jenes Zwischenfalls seien nicht zu vernachlässigen, sagte mir bei einem frühen Mittagessen ein zu uns gestoßener deutschitalienischer Mitstreiter mit zerrissenem Romantikergesicht: Bereits die Tatsache, daß im gesamten Stadtviertel nur ein einziges, obendrein vietnamesisches Restaurant sich bereit erklärt hatte, die Mitglieder der Organisation meines Gastgebers noch einzulassen, spreche Bände, und es stehe zu erwarten, daß man mir aus meinem ja photographisch dokumentierten Zusammentreffen mit ihm einen Strick drehen würde. Je mehr die Kontrolle des Staates über das Land in seiner Gesamtheit nachlasse, desto engmaschiger würde sie in den Metropolen, zumal die existierenden Kontrollmechanismen hier durch eine ganze Reihe weiterer, vom Bürger ausgehender Möglichkeiten ergänzt worden seien – etwa die Denunziationshotlines, die Meldung umweltschädlicher Fahrzeuge oder die Tatsache, daß Anwesen, welche nicht über die verbindliche „grüne Hausnummer" verfügten, sich regelmäßig dem „gerechten Volkszorn" ausgesetzt sähen und zu einem beliebten Ventil für soziale Unzufriedenheit würden.

Freilich sei dies jetzt die letzte und maßlos übersteigerte Phase im Todeskampf der alten postmodernen linksliberalen Nachkriegsgesellschaft, und es sei kein Wunder, daß diese sich gerade in Deutschland, dem ewigen Nachzügler, abspiele, nachdem der Rest Europas bereits tief in selbstzerstörerische Zersetzung eingetaucht sei. Zwar sei es gelungen, die populistischen Kräfte bislang von der Machtausübung auszuschließen und mittels Klimapolitik und Stigmatisierung der „Rechten" eine Politik zu verfolgen, welche auch von jenen direkt oder indirekt mitgetragen würde, welche von der Krise eigentlich am stärksten geschädigt würden. Da man aber seitens der Systemparteien die Zersplitterung der Populisten verhindern wollte, um somit beständige Koalitionen gegen den gemeinsamen „Feind" und somit auch eine bei gesunkener Stimmenzahl gesteigerte Machtbeteiligung zu garantieren, habe man den Gegner unbewußt inhaltlich zusammengeschweißt und stehe nun, selber zersplittert, an einem Punkt, wo das Kalkül nicht mehr lange aufgehe. Da helfe auch nicht die Tatsache, daß die AfD sich seit einigen Jahren sowohl ihres wirtschaftsliberalen als auch ihres völkisch-revisionistischen Anteils entledigt hatte, stehe sie doch nun, wenn auch unter anderem Namen, stärker da als je zuvor. Es sei nur noch eine Frage weniger Monate, bevor auch in Deutschland die schon von innen ausgehöhlte Fassade zusammenbreche und sich die französischen Ereignisse in deutschem Maßstabe wiederholen würden – freilich mit ungleich größeren Folgen, denn wanke Deutschland, so drohe ganz Europa endgültig im Chaos zu versinken, das schon überall an der Peripherie Einzug gehalten habe. Und da könne sich, wie der Redner mit Schaudern flüsterte, das tiefverwurzelte Harmoniebestreben des deutschen Michels rasch erneut in einen „furor Teutonicus" wandeln, dessen Konsequenzen in Anbetracht der wachsenden interethnischen Streitigkeiten in Europa gar nicht abzusehen seien.

Allmählich schwindelte mir der Kopf, und ich konnte es kaum erwarten, endlich den Flughafen von Düsseldorf zu erreichen und in die Normalität zurückzukehren – nach Polen.

Vera Lengsfeld
Back to the USSR – ein Albtraum

Als ich am Morgen kurz vor Weihnachten 2030 die Augen aufschlage und nach draußen schaue, sehe ich dichtes Schneetreiben. Eigentlich sollte es nach Voraussagen der Klimaretter solchen Schnee schon seit Beginn des Jahrtausends nicht mehr geben, aber die Erderwärmung lässt sich Zeit. Sie legt nur einen Zwischenstopp ein, wird uns in den Medien versichert. Wir sind in den Vereinigten Staaten von Europa wieder im Sozialismus angekommen, der bekanntlich vier Feinde hatte: Frühling, Sommer, Herbst und Winter. Ich bemerke erleichtert, dass der Strom wieder da ist. Er kommt und geht stundenweise, immer unerwartet, sodass man fix sein muss, wenn man eine warme Dusche oder einen Kaffee möchte. Die unter Zwanzigjährigen kennen eine kontinuierliche Stromversorgung nur noch vom Hörensagen.

Vor dreizehn Jahren habe ich dieses Haus auf dem Grundstück, das meine Großeltern 1946 erwarben, als meinen Altersruhesitz gebaut. Damals schon wollte ich unbedingt einen Ofen haben, denn an Holz würde es mir nie mangeln. Der Wald ist nebenan und ein Stück davon gehört mir. Die Genehmigung, einen Schornstein zu bauen, wurde mir verweigert, weil der Mindestabstand zum nächsten Fenster im Haus nebenan nicht eingehalten werden konnte. Ich habe ihn später illegal bauen lassen und, als ich von einem der vielen freiwilligen Denunzianten, die von staatlichen Stellen unablässig ermuntert werden, ihre gesellschaftliche Pflicht zu tun, angezeigt wurde, den zuständigen Behördenmitarbeiter bestochen. Mein Sohn konnte ihm die elektrische Leitung legen, die der Mann dringend brauchte. Einen Handwerker, der dies erledigen könnte, gab es im Kreis nicht mehr. Schon im letzten Jahrhundert hatte die Politik damit begonnen, die Zahl der Abiturienten und Studenten systematisch zu erhöhen. Die wachsenden Studentenzahlen sollten die Erhöhung des Bildungsniveaus dokumentieren. Die Folge dieser Politik war aber nur, dass die Zahl der arbeitslosen Akademiker rapide anstieg, auch weil die Absolventen der Hochschulen kaum noch richtig schreiben konnten und bei einfachen mathematischen Aufgaben, wie Brüche kürzen oder einen Dreisatz berechnen, scheiterten. Mein Vater, der kriegsbedingt nur acht Klassen der Volksschule besuchen konnte, hatte das mühelos bewältigt. Auch ich beherrschte das Kopfrechnen noch, Addition und Subtraktion sind kein Problem. Wenn die Kasse im Supermarkt wieder mal ausfällt und sich endlose Schlangen bilden, weil die Verkäuferinnen mühsam die Kaufsumme per Hand errechnen müssen, kann ich helfen und bin schneller wieder draußen.

Heute beginnt der Tag gut. Ich kann mir mein Frühstück problemlos zubereiten. Auf die Meldungen im Radio oder im Fernsehen verzichte ich seit Jahrzehnten. In meiner Kindheit und Jugend hatte ich mir die Erfolgsmeldungen des sozialistischen Staates, in dem ich aufgewachsen war, anhören müssen. Das will ich mir im Alter ersparen. So viel Freiheit habe ich noch.

Auch meine Waldspaziergänge mit meinem Hund kann ich noch unternehmen. Aus Rücksicht auf die Gefühle unserer muslimischen Mitbewohner, die inzwischen schon 40% der Bevölkerung Deutschlands ausmachen, ist die Hundehaltung im Land stark eingeschränkt worden. In den Großstädten sind nur Therapiehunde gestattet, auf dem Land ist nur ein Hund pro Haus erlaubt, wenn der Nachbar damit einverstanden ist. Die Hunde müssen immer und überall an der Leine geführt werden, auch in Feld und Flur, weitab von jeder Bebauung. Ich kenne die Gegend seit meiner Kindheit wie meine Westentasche und weiß, wo die Gebiete sind, in die sich gewöhnlich kein Denunziant verirrt. Dort lasse ich meinen Hund herumtollen. Er ist dankbar und hört aufs Wort. Bei Gefahr kommt er auf kürzestem Weg zu mir zurück. Wir sind noch nie erwischt worden.

Auch in anderer Beziehung hatten wir bisher Glück. Nachdem der deutsche Verfassungsschutz Ende 2017 begonnen hatte, die so genannten Prepper zu beobachten, Leute, die sich mit Vorräten eindeckten, um sich vor kommenden Katastrophen zu schützen, dauerte es nicht mehr lange und die private Vorratshaltung wurde gesetzlich stark eingeschränkt. Unsere Politiker konnten den Gedanken, dass es Bürger gab, die sich unabhängig machen wollten, einfach nicht ertragen. In der besten aller Welten, den Vereinigten Staaten von Europa, sollten alle vom Wohle des Staates abhängig sein. Anfang der Zwanzigerjahre wurde eine Spezialeinheit der Europapolizei gebildet, die autorisiert war, unangekündigt in Häusern und Wohnungen nach illegalen Vorräten zu suchen und sie zu vernichten. Auch bei uns ist so ein Kommando gewesen. In meinem Haus gibt es keinen Keller und keinen Vorratsraum, sodass die Suche hier bald zu Ende war. Im Haus meines Sohnes, das bereits 1789 gebaut worden war, gibt es einen kleinen Keller unter der Treppe. Der war bis auf ein paar Reinigungsmittel leer. Durch Klopfen stellten die Nahrungsjäger fest, dass auch das Esszimmer und die Küche nicht unterkellert waren. Sie machten sich nicht die Mühe, auch noch das Wohnzimmer daraufhin zu überprüfen. Sie ließen sich lieber von meinem Sohn einen Wodka vorsetzen und schrieben das Untersuchungsprotokoll, das wir erleichtert unterzeichneten. Der alte Keller, dessen Eingang hinter dem Haus liegt, blieb unentdeckt. Wir konnten hoffen, dass sich spätere Suchtrupps auf die Meldung, es gäbe bei uns nur einen Treppenverschlag, verlassen würden. Ehe sie abzogen, rauchten die Spezialisten noch eine Zigarette. Im Dienst ist das strikt verboten, aber auf unserem abgelegenen Grundstück kann es keiner sehen.

Nach zwanzig Minuten kam ich mit meinem Hund an einem Aussichtspunkt an, der einen Blick über das ganze Wippertal bietet, vom Kyffhäuser im Osten über die Windleite bis zum Harz im Westen. Bei guter Sicht kann man den Brocken erkennen. Vor dem Mauerfall war auf der Bergspitze die innerdeutsche Grenze verlaufen. Deshalb durften wir dem geheimnisvollen Ort der Walpurgisnacht, die wir nur aus Goethes „Faust" kannten, nicht zu nahekommen. Heute ist nur noch die dortige Wetterstation verbotenes Terrain. Hier werden Daten gesammelt, die dem Dogma der Klimaerwärmung zu sehr widersprechen. Deshalb hält es die Politik für opportun, solche Erkenntnisse unter strengstem Verschluss zu halten.

Zu sozialistischen Zeiten habe ich auf dieser Aussichtsplattform, wo ich häufig einen Zwischenstopp einlege, beobachten können, wie die Zersiedelung der Landschaft vorangetrieben wurde. Außerhalb der kompakten Altstadt, die von einem riesigen Schloss dominiert wird, entstanden immer mehr Plattenbausiedlungen und Wochenendgrundstücke, oft mitten in Natur- oder Landschaftsschutzgebieten. Die Funktionäre des Sozialismus wussten, wo es schön ist und konnten sich über die Gesetze hinwegsetzen. Die Plattenbauten waren sogar sehr beliebt, denn es gab in den Wohnungen ein Bad, Zentralheizung und Warmwasser, was in den Altstadthäusern nicht der Fall war.

Heute sind diese Siedlungen Ghettos der Einwanderer, die seit der Grenzöffnung im Jahr 2015 durch Altkanzlerin Merkel in Millionenzahl ins Land gekommen sind. Allerdings hat sich der Traum der Multikulturalisten nicht erfüllt. Die Neubürger haben sich weder integriert, noch vermischt. Man lebt streng getrennt voneinander in Parallelgesellschaften. In meiner kleinen Provinzstadt gibt es Armenier, die oft mit den Türken aneinandergeraten, Afghanen, die Eritreer nicht leiden können, Russlanddeutsche, die seinerzeit von Uraltkanzler Helmut Kohl mit einer Willkommensprämie hergelockt wurden, um den hereinkommenden Türken etwas entgegenzusetzen und Juden aus der ehemaligen Sowjetunion. Letztere wurden auf speziellen Wunsch der Stadtverwaltung angesiedelt. Man hoffte, es würde wieder zur Gründung einer jüdischen Gemeinde kommen, die es seit Anfang der Vierzigerjahre des letzten Jahrhunderts, als die letzten jüdischen Mitbürger in den Osten deportiert wurden, nicht mehr gab. Die Gemeinde entstand nie, denn von Anfang an hielten sich die Juden, die blieben, lieber bedeckt. Zu groß war ihre durchaus berechtigte Furcht vor Übergriffen aus den Reihen der ihnen zahlenmäßig weit überlegenen muslimischen Nachbarn. Ohnehin waren sie überwiegend Atheisten. Für die wenigen Unternehmen der Stadt waren sie allerdings eine Bereicherung.

Wie es in den französischen Banlieues schon im letzten Jahrhundert der Fall war, ist es heute in anderen Teilen des Vereinigten Europas nicht ratsam, als Fremder diese Siedlungen zu betreten, es sei denn man wird eingeladen und steht unter besonderem Schutz eines der Clans. Die Polizei meidet diese Gebiete ebenfalls. Nur Streifen, die aus Angehörigen von Clans bestehen, können es wagen, sich hier sehen zu lassen.

Als 2017 erstmals öffentlich bekannt wurde, dass die Berliner Polizei von arabischen Clans unterwandert wurde, sind nicht etwa Anstrengungen unternommen worden, um diesen Prozess zu stoppen, im Gegenteil. Um die beunruhigte Bevölkerung zu beschwichtigen, wurde ein Programm für die Aufstockung der Polizeikräfte verkündet. Allerdings stellte sich sehr schnell heraus, dass eine Vielzahl der Bewerber nicht in der Lage war, die Eignungstests zu bestehen. Dies wurde aber nicht als Alarmsignal gewertet, sondern das Niveau der Tests wurde einfach abgesenkt. Damit war es auch Bewerbern mit ungenügenden Deutschkenntnissen und mangelndem Wissen über die Gesetzeslage möglich, problemlos Polizist zu werden. Die Politik nahm in Kauf, dass diese Neupolizisten sich nicht dem Rechtsstaat, sondern ihren Clanregeln verpflichtet fühlten.

In den Teilen der Stadt, die überwiegend von Biodeutschen bewohnt werden, verlässt man sich lieber auf die inoffizielle Bürgerwehr als auf die Polizei. Seit die deutsche Polizei 2017 erstmals Frauen empfahl, nicht mehr allein joggen zu gehen, haben sich die Bewegungsmöglichkeiten von Frauen weiter beschränkt.

Längst ist es üblich, nicht mehr allein auszugehen. Auch einkaufen sollte man lieber zu zweit oder zu dritt. Auf dem Land haben sich regelrechte Einkaufsgemeinschaften gebildet.

Noch herrscht in den Läden kein Mangel, aber das Angebot hat sich deutlich gewandelt. In den Lebensmittelgeschäften gibt es besondere Abteilungen für Muslime. Es ist nicht so, dass es verboten wäre, als Christin dort einzukaufen, aber ohne Kopftuch eher nicht ratsam. Schweinefleisch gibt es nur noch in der hintersten Ecke, um niemandes religiöse Gefühle zu verletzen. Ohnehin ist der Schweinefleischkonsum stark zurück gegangen. Aus öffentlichen Einrichtungen ist Schwein schon seit Jahren verbannt, aber auch immer mehr Biodeutsche verzichten aus Gründen der Kultursensibilität freiwillig auf das angeblich unreine Fleisch. Nicht nur das. Seit Jahren gibt es eine Diskussion, ob es nicht angebracht wäre, nur noch Halal-Fleisch anzubieten. Man könne die Tiere ja betäuben und ihnen so die Qual des „Ausgeblutet-Werdens" ersparen.

Neben den Schweinen verschwinden auch die Schwulen und die Weihnachtsmärkte aus der Öffentlichkeit. Vorbei die Zeit der Gay-Paraden. 2025 fand die letzte in Berlin statt, unter starker Polizei-Bewachung. Nur noch ein paar Hundert, statt der früher üblichen abertausend Schwulen, wagten sich noch auf die Straße. Nachdem die Teilnehmer der Parade wieder massiv attackiert wurden und es Dutzende Verletzte gab, verzichteten die Veranstalter auf weitere „Provokationen", wie muslimische Minister und Bundestagsabgeordnete die Demonstrationen der Schwulen nennen. Für schwule Paare blieb nur der Rückzug ins Private. Dabei gehörten die Schwulen früher zu den eifrigsten Befürwortern von muslimischer Einwanderung. Sie hatten sich offenbar nicht die Mühe gemacht, zur Kenntnis zu nehmen, wie Schwule in muslimischen Ländern unterdrückt werden. Die Weihnachtsmärkte wurden erst in Winter- oder Adventsmärkte umbenannt, aber trotzdem nahm ihre Zahl über die Jahre hinweg immer mehr ab. Nach zahllosen Drohungen und Attacken gaben die Veranstalter resigniert auf. Auch Weihnachtskonzerte sind selten geworden. Zwei christliche Kirchen in unserer kleinen Stadt sind bereits in Moscheen umgewandelt worden.

Die Feministinnen retteten ihre Ideologie, indem sie Verschleierung in jeder Form jetzt als Ausdruck der Emanzipation und des freien Willens betrachteten. Deshalb hatten sie wenig Probleme, selbst zumindest ein Kopftuch zu tragen. Die anfängliche Forderung, dass sich Designer der Kopftuchfrage annehmen und hippe Angebote entwickeln sollten, verstummte bald. Bunte Kopftücher sind in der schönen bunten Welt von den muslimischen Sittenwächtern nicht erwünscht.

Heute sehe ich von meinem Aussichtspunkt nicht nur die Fragmentierung der Gesellschaft in viele Subkulturen, sondern auch die verheerenden Folgen der sogenannten Energiewende. Vom einstmals lieblichen Tal sieht man nicht mehr viel. Entweder sind freie Flächen mit Solarfeldern zugebaut, obwohl Nordthüringen zu den sonnenärmeren Gebieten des ehemals deutschen Teils der Vereinigten Staaten von Europa zählt, oder sie sind mit Windrädern verstellt. Nach Schließung aller Atomkraftwerke gibt es nur noch „Zappelstrom".

Im Thüringer Becken, wo man im vergangenen Jahrhundert noch ungehindert den Sternenhimmel sah, die Milchstraße und sogar den Kometen Hale-Bopp beobachten konnte, ist heute die Sicht auf den Nachthimmel von zuckenden roten Lichtern verstellt. Tagsüber wird der Blick auf die Landschaft durch rotierende Flügel beeinträchtigt. In den letzten Jahrzehnten hat eine Landschafts- und Naturzerstörung stattgefunden, die mit den Stalinschen Projekten wie die Umleitung sibirischer Flüsse zur Bewässerung von Baumwollfeldern in der Wüste vergleichbar ist. Kein Wunder, dass die junge Generation keinerlei Heimatgefühle mehr entwickeln kann, denn Landschaft ist kein schützenswerter Wert mehr, nur noch ein Objekt.

Wenn ich nach Osten schaue, sehe ich den Kyffhäuser. Dort soll Kaiser Barbarossa in einer Höhle ruhen, bis Deutschland geeint ist. Das war kurzzeitig der Fall, aber schon gleich nach der Vereinigung, die von den Ostdeutschen, die ihre Diktatur zu Fall brachten, erzwungen wurde, gegen den erklärten Willen der Politik, begann das nächste totalitäre Experiment: die Auflösung der Nationalstaaten zugunsten eines Vereinigten Europas. Als Projekt war das schon lange vorhanden. Sowohl die Kommunisten als auch die Nationalsozialisten arbeiteten darauf hin. Das hätte als Warnung eigentlich genügen müssen, aber Europa war nicht in der Lage, aus seinen zwei totalitären Diktaturen des letzten Jahrhunderts zu lernen. Statt sich vom Totalitarismus abzuwenden, seine Ideen und Methoden zu ächten, machten sich Politik und Medien daran, den mit dem Zweiten Weltkrieg begonnenen Kampf der Ideen mit anderen Mitteln fortzusetzen. Nachdem den Völkern dieses Kontinents kein Krieg mehr zuzumuten war, wurden die Vereinigten Staaten von Europa als Friedensprojekt ausgerufen. Die politische Klasse hatte erkannt, dass der Kampf gegeneinander in eine Sackgasse geraten war. Es begann der nicht erklärte Kampf der „Eliten", die sich den Kontinent zur Beute machen wollen und damit schon sehr weit gekommen sind, gegen die Bevölkerung. Die Bewohner Europas, die von den französischen Revolutionären zu Bürgern geadelt wurden, sind plötzlich keine Bürger mehr, sondern nur „Menschen" und als solche Material für Erziehungs-Experimente. Diesmal werden Herden- und Massengefühle nicht mehr vordergründig durch Ideologie, sondern durch Konsum- und Unterhaltungsindustrie erzeugt.

Die einstige Freiheit im privaten Tun und Lassen ist unter diesen Umständen kaum noch vorstellbar. Individualität, auf die der Westen sich so viel zugute hält, ist heute nur noch ein Schein, denn jede Abweichung von der vorgegebenen Norm führt zur Ächtung, der Ausgrenzung aus der Gemeinschaft der Guten. Die akute Phase der endgültigen Umsetzung eines Europäischen Zentralstaates begann 2017 mit den Plänen des französischen Präsidenten Emmanuel Macron und des Chefs der Europäischen Kommission Jean-Claude Juncker, die sofort von Altkanzlerin Merkel und dem SPD-Chef Martin Schulz unterstützt wurden. Von da an ging es vorwärts in die EUdSSR.

Ich sehe über der einst lieblichen Nordthüringer Landschaft dunkle Wolken aufziehen, die einen alles hinwegfegenden Sturm ankündigen. Aber bevor er mich erreicht, erwache ich aus meinem Albtraum, registriere erleichtert, dass es noch nicht 2030, sondern erst 2017 ist. Es bleibt also noch Zeit zu verhindern, dass mein Albtraum Wahrheit wird.

Laila Mirzo

Chronologie des Untergangs

Prolog

Silvester 2020 dachten wir noch, dass die Party niemals aufhören würde. Was wir damals nicht wussten, ist, dass wir trunken auf unseren eigenen Gräbern tanzten. Wir fühlten uns als Helden, wir trotzten den spaltenden Parolen der Rechten. „Wir sind mehr!", schrien wir aus tiefster Kehle. Nation und Grenzen waren die alten Zöpfe, die es ein für alle Mal abzuschneiden galt. Getrieben von der Parole „Kein Mensch ist illegal", hebelten wir das Asylgesetz aus und öffneten die Tore für die größte Völkerwanderung seit dem Niedergang des Weströmischen Reiches. Wir hatten Deutschland gerettet. Endlich konnten wir uns das Blut, das unsere Großväter vergossen hatten, von den Händen waschen. Wir rissen das Haus „Deutschland" nieder. Wir stießen Goethe und Schiller vom Thron, die männlich dominierte Kultur wurde entmachtet. Wir waren dabei, das erste Kapitel eines neuen Zeitalters zu schreiben, doch 2030 kam die Wende. Der Wind drehte sich. Was wir tolerierten, tolerierte uns nicht mehr.

Das trojanische Pferd

Die Verfassung ist stark und würde uns gegen jegliche totalitären Strömungen, politische oder religiöse, schützen. Davon waren wir felsenfest überzeugt. Wir konnten aber die Verfassung nicht länger schützen. Das Grundgesetz, alles, was unsere individuelle Freiheit garantierte und worauf unsere Sicherheit fußte, zerbröckelte. Wir konnten dem nichts entgegenhalten. Die Demokratie schaufelte sich ihr eigenes Grab. Nach den Migrationsjahren ab dem Krisenjahr 2015 wanderten Millionen Migranten aus muslimischen Ländern nach Deutschland ein. Im Gepäck ein Weltbild, welches das Antlitz Europas nachhaltig verändern sollte. Der Familiennachzug und der Kinderreichtum der muslimischen Familien machten bereits nach einem Jahrzehnt klar, die Zukunft Europas würde islamisch sein. Während die Geburtenrate der indigenen Europäer weit unterhalb der Sterberate lag, sorgte der Geburtenschnitt bei muslimischen Familien für signifikantes Wachstum.

Im Jahr 2025 wurde der Demokratie die erste Lektion erteilt: Eine islamische Partei überwand die Fünf-Prozent-Hürde und schaffte den Einzug in den Bundestag. Auch in anderen europäischen Staaten zogen islamische Allianzen in die Parlamente.

Anfangs änderte sich nicht viel. Einige Zugeständnisse musste man der stetig wachsenden „Minderheit" als offene Gesellschaft selbstverständlich machen. Der islamische Religionsunterricht wurde flächendeckend und länderübergreifend eingeführt. Nach den Schulen, Kindergärten und Universitäten unterzeichneten auch Firmen und mittelständische Betriebe Selbstverpflichtungen, Schweinefleisch gänzlich vom Speiseplan zu streichen, damit eine „Kontamination" der Halal-Gerichte in den Küchen und Mensen zu 100 Prozent ausgeschlossen werden konnte. Öffentliche und private TV-Sender und Hörfunkanstalten nahmen „Das Wort zum Freitag" in ihr Programm auf. Gleichzeitig wurde der Pressekodex verschärft, was „erotische" Inhalte des Sendeprogramms betraf. Es gab keinen großen Aufschrei, denn die beiden großen

Kirchen und sämtliche Frauenrechtsbewegungen befürworteten die Anträge. Nackte Haut wurde nun rausgeschnitten oder verpixelt. Diese Prüderie wurde dann als Sieg über das Patriarchat gefeiert. Ironischerweise glaubte man, die Frau zu „befreien", indem man ihr verbot, ihre Brüste beim Baden und Sonnen zu entblößen. Als es anfangs zu Pöbeleien und Drohungen durch junge muslimische Männer kam, wurde noch Kritik am archaischen Frauenbild dieser Muslime geäußert. Als dann aber das Argument vorgebracht wurde, Kinder würden durch den Anblick nackter Brüste sexuell belästigt werden, verstummten alle Kritiker.

Die Bewegung „Sittliche Frauen für Frauenrechte" wurde von linken Frauenrechtlerinnen unterstützt. Frauen dürften sich nicht länger selbst zum Opfer machen, hieß es. Man gab Empfehlungen heraus, Frauen sollten sich ab Einsetzen der Dunkelheit nicht mehr allein auf den Straßen aufhalten. Als Antwort auf die überbordenden sexuellen Übergriffe und die Vergewaltigungen, wurden sogar staatlich geförderte Broschüren verteilt, in denen erklärt wurde, wie sich Frauen und Mädchen „schützen" könnten. Darin wurden Verhaltensregeln und Bekleidungstipps erteilt, um die Männer nicht zu „provozieren". Im neuen „Antidiskriminierungsgesetz" zum Schutz der Frauen und Mädchen vor sexueller Diskriminierung wurden in Schulen, Universitäten und auf dem Arbeitsplatz das Tragen von Miniröcken und „freizügiger Oberbekleidung" verboten.

Was uns damals nicht klar war, ist, dass eine ganze Armee Islam-Lobbyisten in sämtlichen Schlüsselstellen staatlicher Institutionen, Medien, NGOs und Parteien saßen und die strukturelle Entwicklung der Gesellschaft steuerten. Es waren eloquente, gebildete und augenscheinlich moderne Muslime. Sie traten äußert moderat auf, einige Frauen unter ihnen trugen kein Kopftuch, bezeichneten sich gar als Frauenrechtlerinnen. Sie waren bestens vernetzt, traten in Fernsehsendungen auf, nahmen an Podiumsdiskussionen teil oder arbeiteten als Blogger und Influencer.

Hinter ihnen stand eine zweite Armee, bestehend aus juristischen Beratern, die alles und jeden verklagten, der den Islam kritisierte, Politexperten und natürlich Politikern. In der hintersten Reihe standen die Geldgeber, die religiösen und ideologischen Führer. Milliardäre aus Saudi-Arabien, Katar oder den Vereinigten Arabischen Emiraten. Sie finanzierten staatliche und gemeinnützige Projekte, kauften sich in Firmen, Versicherungen oder Sportvereinen ein, ebneten Wege und öffneten Türen. Diese Lobbyarbeit wurde von einer riesigen Propaganda-Maschinerie begleitet. TV-Sender, Social Media, Musiker, Künstler, alles, was eine öffentliche Reichweite genoss und als gesellschaftlicher Multiplikator agierte, verbreitete das Schlagwort „Antimuslimischer Rassismus". Der Vorwurf „islamophob" zu sein, glich einer Anklage der Pädophilie, man war gesellschaftlich geächtet, ein Außenseiter, ein Paria.

In Bildungseinrichtungen, Firmen oder Ämtern wurden eigens „AMR-Meldestellen" eingerichtet und „AMR-Vertrauenspersonen" eingestellt. Schon der Verdacht des antimuslimischen Rassismus bedeutete das Karriereende und eine nachhaltige soziale Stigmatisierung. Also verstummten immer mehr Stimmen, die sich zuvor gegen die Massenmigration aussprachen. Das gesellschaftliche Klima änderte sich zunehmend. Es brach eine Zeit an, in der das Recht auf Meinungsfreiheit erst verwässert, dann im Namen der „political correctness" faktisch ausgehebelt wurde. Wer damals in Deutschland geglaubt hatte, die Atmosphäre würde sich nach der Ära Merkels zum Besseren wenden, irrte. Die ewige Kanzlerin hatte die politischen Schienen so gelegt, dass eine Wende nicht mehr möglich war. Ihre politischen Erben vollstreckten ihr Testament, doch sie waren weniger Treuhänder als die Totengräber Deutschlands.

Politische Isolierung

Angela Merkel selbst wurde nach dem Ende ihrer Kanzlerschaft zur Präsidentin der Europäischen Kommission gewählt. Nun bestimmte ihr Kurs nicht nur das Schicksal Deutschlands, sondern der gesamten Europäischen Union. Unter ihrer Präsidentschaft wurde die „Union für den Mittelmeerraum" (UfM), die bereits im Juli 2008 auf dem Pariser Mittelmeergipfel gegründet worden war, ausgebaut und gefestigt. Dieser euro-mediterrane Bund zwischen den EU-Staaten und den islamischen Ländern am Mittelmeer bedeutete sowohl ein zollfreies Freihandelsabkommen als auch uneingeschränkte Reise- und Arbeitsfreizügigkeit. Es war auch eine eindeutige Botschaft an die USA und Russland: Die EU hat jetzt neue Freunde!

Ich kann mich noch erinnern, als der damalige französische Präsident Macron die Nato als „hirntot" bezeichnet hatte. Es war ein Austesten der Grenzen des Denk- und Sagbaren. Heute wissen wir, es war die Ouvertüre für die militärische Abnabelung der europäischen Natomitglieder. Der ewige Streit um die deutschen Nato-Beiträge und die schiefe Lastenverteilung zwischen den USA und den anderen Mitgliedsländern mündete schließlich in der einseitigen Kündigung des Nordatlantikbündnisses durch die europäischen Paktpartner und in der Gründung einer europäischen Armee. Und wieder servierte die EU den USA die Botschaft: Wir haben jetzt neue Freunde!

Die EU hatte sich unter der Präsidentschaft Angela Merkels komplett isoliert. Die neuen Allianzen waren mehr als fragwürdig. Ein paar Jahre später sollte das ganze Ausmaß sichtbar werden.

Die neuen Bündnisse verstärkten den Migrationsdruck, wie die Jahre zuvor, besonders auf Deutschland. Doch diesmal waren die Defizite in der ökonomischen Infrastruktur nicht mehr schönzureden. Allerorts fehlten Wohnungen, Schulen und Krankenhäuser. Eigentlich hätte ein Bau- und Investitionsboom ausbrechen müssen, doch die Maschinen standen still: Es gab kaum mehr Fachkräfte. Abertausende junge Menschen hatten nach Abschluss ihrer Ausbildung oder ihres Studiums Deutschland verlassen. Sie sahen keine Zukunft für sich.

Der Umbau Deutschlands weg vom einstigen attraktiven Industriestandort hin zu einem CO_2-neutralen Klimapionier ließ die qualifizierte Elite des Landes in Massen auswandern, Konzerne verlegten ihre Produktionsstätten in Länder außerhalb der Europäischen Union. Wer da blieb, saß entweder am alimentierten Futtertrog oder gehörte zur bedauernswerten Minderheit, welche die Steuerlast nun gänzlich schultern musste. Und diese Steuerlast wuchs und wuchs, denn der Staat generierte kaum mehr Steuereinnahmen. Die Staatskasse wurde zur Handkasse einer neosozialistischen Politik. Für die Sanierung der Straßen und des Gleisnetzes fehlte das Geld, ebenso für die Neueinstellungen bei der Polizei. Es stand schlecht um Deutschland, man konnte förmlich zusehen, wie ein ganzes Land verschliss.

Um die einst größte Volkswirtschaft Europas auf die Beine zurück hochzuhieven, beschloss die Regierung den größten Release deutscher Staatsanleihen zu starten. Für den süßen Geschmack der Liquidität überschwemmte man den weltweiten Finanzmarkt mit zinsreichen Papieren. Zahlungskräftige Investoren aus Saudi-Arabien und den Golfstaaten kauften Deutschland förmlich auf. Doch das Tafelsilber reichte nicht aus, um Deutschland zu retten. Es kam, was kommen musste und wovor Ökonomen seit Beginn der Migrationsjahre gewarnt hatten: Das Rentensystem kollabierte, die Krankenkassen waren pleite, das gesamte Sozialsystem stürzte wie ein Kartenhaus in sich zusammen – Deutschland war bankrott.

Die Zahlungsunfähigkeit der Krankenkassen kam zu einer Zeit, in der das Gesundheitssystem vor seiner größten Herausforderung stand, und sollte buchstäblich zum Sargnagel vieler Menschenleben werden. Nach dem wiederholten Ausbruch von Masern-Epidemien, die 2019 ihren Anfang im Pazifikstaat Samoa nahm, wurde der Masernerreger von Welle zu Welle aggressiver und schwerer zu bekämpfen. Überall auf der Welt starben Kinder. Die ungeimpften Kinder hatten den immer häufiger auftretenden Begleiterkrankungen, wie Hirnhautentzündung, nichts entgegenzuhalten. Die Weltgesundheitsorganisation war alarmiert, besonders für Europa prognostizierten Experten eine hohe Mortalitätsrate, da die Propaganda der Impfgegner-Bewegung der letzten Jahrzehnte zu einer niedrigen Impfquote geführt hatte.

Es gab Berechnungen, wann die Masern-Welle Europa treffen sollte – das Ergebnis war mehr als ernüchternd. Das Zeitfenster, um Gegenmaßnahmen zu ergreifen, um noch zeitgerecht eine flächendeckende Immunisierung der Bevölkerung zu erreichen, war gerade einmal zehn Tage offen. Alle Hoffnung war verloren. Unmöglich, in dieser kurzen Zeit einen Impfstoff, der dem neuen Erreger gewachsen war zu entwickeln, geschweige denn in dieser Masse herzustellen.

Die Karten werden neu gemischt

Zum bankrotten Gesundheitssystem gesellte sich ein weiterer Schicksalsschlag: Das einzige Land, welches rechtzeitig die Gefahr der Masern-Wellen erkannt hatte und seine Forscher konzentriert auf die Entwicklung eines wirksamen Impfstoffes ansetzte, war faktisch von der Außenwelt abgeschnitten. Israel war die Geisel seiner islamischen Nachbarländer. Nachdem die Türkei nun auch das restliche Zypern erobert hatte und alle südlichen griechischen Inseln unter seine Hoheitsgewalt gebracht hatte, kontrollierte sie das gesamte östliche Mittelmeer. Kein israelisches Schiff konnte mehr aus dem Hafen ausfahren. Gleichzeitig beschnitt der Iran, der Syrien mit Militärbasen zugepflastert hatte, den Luftweg. Die Verkehrswege wurden einmal aufgemacht, dann wieder geschlossen, es war eine endlose Serie an militärischen Provokationen und Drohungen. Der Iran hatte trotz der jahrelangen Warnungen aus Jerusalem und an allen Pseudokontrollen vorbei, den Bau der Atombombe fertigstellt, wusste aber, dass er bei einem Erstschlag auf Israel den dritten Weltkrieg entfachen würde und es dann nicht mehr bei Sanktionen bleiben würde.

Die politische und militärische Landschaft hatte sich im Nahen Osten grundlegend verändert. Nach dem offiziellen Ende des Syrien-Konflikts, hatten sich Russland und die USA bis auf den letzten Mann aus der Region zurückgezogen. Was der islamischen Umma als „Schwäche" der beiden Weltmächte verkauft wurde, hatte geostrategische Gründe. Niemand hatte es für möglich gehalten, dass Russland, nach der langersehnten Präsenz im Mittelmeer, seine Stützpunkte aufgeben und die Schiffs- und U-Bootflotte ins Schwarze Meer zurückholen würde. Auch dass die USA nach all den militärischen Interventionen im Irak, Syrien oder Afghanistan seine Soldaten heimholen würde, hätte kein Politexperte zu träumen gewagt. Aber neue Zeiten erfordern neue Wege.

Nachdem Israel mit der Erdgasförderung am Leviathan-Feld vor seiner Küste begonnen hat, fing der Ärger an. Die Aussicht, israelisches Erdgas ab 2025 auch nach Europa zu exportieren, gefiel nicht allen. Während Russland den neuen Konkurrenten sportlich nahm, verstärkte sich die Frustration in der Türkei, die keine eigenen Erdgasfelder im Mittelmeer erschließen konnte, und der der jüdische Staat schon aus religiösen Gründen ein Dorn im Fleisch war. Also köderte die Türkei Russland mit dem Angebot, einen großen Konkurrenten auszuschalten. Die Gaspipeline zwischen den Golfstaaten und Europa würde keinen direkten Weg durch die Türkei nach Europa finden. Russland wäre alleiniger Energielieferant für Europa und die Türkei. Darüber hinaus würde die Türkei, die ebenfalls aus der Nato ausgestiegen war, Russland die ehemaligen transatlantischen Stützpunkte zur Verfügung stellen und bei russischen Aktivitäten am Schwarzen Meer stillhalten.

Dieser Deal gefiel auch den USA. Nachdem die EU auf allen Ebenen den USA den Rücken gekehrt hatte, galt es neue Allianzen zu schmieden. Das Angebot Russlands, den wirtschaftlichen Schulterschluss mit den USA zu üben und den verhassten Konkurrenten China in die Schranken zu weisen, kam über dem Atlantik sehr gut an. Russland bildete einen „Cordon sanitaire" entlang seiner langen Grenze zu China und drosselte damit den Motor der aufsteigenden Weltmacht. Die Karten waren neu gemischt.

Das Kindersterben

Auf diesem Schachbrett der Geschichte stand Europa also unmittelbar vor dem Ausbruch der größten Epidemie seit der Spanischen Grippe von 1918, die weltweit mehr als 50 Millionen Tote forderte und musste hilflos zusehen, wie der Tod seinen Schatten über den Kontinent warf.

Es fällt mir sehr schwer, diese Erinnerungen hervorzuholen. Es gab keine Familie, die kein Kind zu beklagen hatte. Dabei war der Tod eine Erlösung für die ohnmächtigen Eltern, denn es gab nicht einmal mehr ein Krankenhausbett für ihre schmerzgeplagten Kinder und auch keine lindernden Medikamente. Der Tod machte vor keiner Tür halt, fast eine ganze Generation wurde ausgelöscht.

Als sich der Vorhang aus Chaos, Verzweiflung und Trauer langsam wieder hob, dämmerte es vielen, was das Kindersterben für die kulturelle Zukunft Deutschlands bedeuten würde. Da die Mehrheit der autochthonen Paare nur ein Kind hatte, fiel das eine Kind der Epidemie zum Opfer. Zwar hatten auch die muslimischen Familien Kinder verloren, aber der Kinderreichtum hatte das Überleben der muslimischen Generation gesichert. Das Mehrheitsverhältnis in Kindergärten und Schulen verschob sich innerhalb weniger Monate, nichtmuslimische Kinder waren nun nicht nur in den Großstädten eine Minderheit. Dies hatte Auswirkungen auf das Lehrpersonal und den Lehrplan. Das Kultusministerium wurde komplett neu ausgerichtet, besonders die naturwissenschaftlichen Fächer wurden radikal umstrukturiert. Mädchen und Jungen wurden fortan getrennt unterrichtet. Als Argument brachte man das Bemühen um „Gleichstellung" an, schließlich würden Mädchen dadurch bessere Noten schreiben und höhere Abschlüsse erzielen. Da es durch die Epidemie weniger Kinder gab, standen mehr Schulhäuser und Kindergärten zur Verfügung. Mädchen und Jungen mussten sich nicht mehr dieselben Gebäude teilen.

Die Komplizenschaft der Demokratie

Bei den Bundestagswahlen 2042 ging die Union Deutscher Muslime (UDM) mit 38,6 Prozent als Wahlsieger hervor. Bei den Wahlen vier Jahre später mussten sich die UDM keinen Koalitionspartner mehr suchen, sie stellten die absolute Mehrheit. Im Frühjahr 2043 wurde mit einer Zweidrittelmehrheit des Bundestages eine Teilrevision der Verfassung durchgeführt. Das deutsche Grundgesetz wurde um 40 Artikel erweitert, die die Rechte und Pflichten deutscher Muslime definierten. Nach einer Reihe verfassungsrechtlicher Beschwerden, Teile des Grundgesetzes würden den neuen Artikeln widersprechen, bereinigte eine Totalrevision die Widersprüche. 2045 wurde das Grundgesetz als

Scharia-konform von Parlament und Verfassungsgericht angenommen.

Als 2015 die erste Welle der muslimischen Migration nach Deutschland kam, war ich einer von denen, die an den Bahnhöfen standen und die Menschen willkommen hießen. Sie hatten alles zurückgelassen, um hier ein besseres Leben führen zu können. Was wir damals nicht sehen wollten, ist, dass viele dieser Migranten ein Weltbild im Gepäck hatten, welches unsere Welt nachhaltig verändern sollte.

Die Gegner der Massenmigration hatten vor einem Kampf der Kulturen gewarnt, der auch blutig ausgetragen werden könnte. Rückblickend kann man aber nicht von einem Krieg sprechen, offiziell ist kein einziger Schuss gefallen. Es war vielmehr eine „Phase" des Kulturwandels. Die Menschen nahmen es hin, wie den Wechsel der Jahreszeiten. Die Menschen fügten sich. Eltern schickten ihre Töchter mit Kopftuch aus dem Haus, das war besser so. Neugeborenen gab man einen muslimischen Zweitnamen. In den öffentlichen Verkehrsmitteln setzten sich Männer und Frauen in ihren eigenen zugewiesenen Bereich, schließlich nahmen damit die sexuellen Übergriffe ab. Man küsste sich nicht mehr in der Öffentlichkeit, der Trend zur „bescheidenen" Mode setzte sich bei den Frauen und Mädchen durch. Man nahm es hin. Wer die Mittel hatte, verließ Deutschland.

Kulturen haben ihre Blütezeit, Kulturen gehen unter. Wir schreiben das Jahr 2052. Ich bin ein alter Mann. Heute weiß ich: Wir waren Narren.

Werner Reichel
The Failed States of Europe

From Third World to First. Innerhalb von nur einer Generation hat es eine ehemalige britische Kolonie in Asien, geplagt von ethnischen Konflikten, hoher Arbeitslosigkeit, ohne Rohstoffe und Hinterland an die Weltspitze geschafft. Singapur ist eines der reichsten Länder und einer der attraktivsten Wirtschaftsstandorte der Welt, die Jugend des Landes hat bei den PISA-Studien die Nase ganz vorne und man verfügt über ein schlagkräftiges Militär, das es mit den wesentlich größeren Nachbarländern Malaysia und Indonesien jederzeit aufnehmen kann. Die ehemalige Kolonie ist in allen Bereichen gut aufgestellt, kann zuversichtlich in die Zukunft blicken. Auch die Probleme, die multikulturelle Gesellschaften mit sich bringen, hat man hier, im Gegensatz zu Europa, mit viel Pragmatismus, hartem Durchgreifen und ohne politische Korrektheit im Griff.

Für Europa gilt das Motto: From First to Third World. In den 1960er-Jahren legte Singapur den Grundstein für seinen Aufstieg und seine Erfolge, zur selben Zeit begann der Abstieg Europas, auch wenn die folgenden wirtschaftlich erfolgreichen Jahrzehnte und der Kalte Krieg diesen Niedergang verdeckten und überlagerten. In dieser Phase des Wohlstands und des von den USA gesicherten Friedens errang die Linke nach dem Konzept des italienischen Kommunisten Antonio Gramsci die kulturelle Hegemonie, die Diskurs- und Deutungshoheit. Entscheidend für den Sieg im Klassenkampf war für Gramsci die Besetzung der Schaltstellen mit den eigenen Leuten, etwa in den Medien. Diesen Marsch durch die Institutionen begann die Linke ab den 1960ern. Sie war dabei konsequent und erfolgreich.

Die linke Weltsicht setzte sich in fast allen gesellschaftlichen Bereichen durch, selbst einstmals bürgerliche bzw. konservative Parteien und Kräfte wie etwa die CDU haben sich diesem Zeitgeist über die Jahre immer mehr angepasst, oder besser untergeordnet. Die prägendste politische Kraft in Deutschland und Österreich der letzten Jahrzehnte waren die Grünen, sie trieben, mit Hilfe ihrer Gesinnungsgenossen in Medien, Kultur, Wissenschaft und NGOs, die Volksparteien vor sich her, bestimmten den politischen Diskurs.

Das politische Koordinatensystem hat sich in diesen Jahren und Jahrzehnten weit nach links verschoben, Positionen und Meinungen, die in den 1970ern als bürgerlich galten, werden heute als rechtsextrem verdammt und bekämpft. Im rezenten Deutschland und Österreich liegen praktisch alle allgemein akzeptierten politischen Kräfte in den zukunftsrelevanten Fragen auf einer Linie. Ob Europapolitik, Energiewende, Klimaschutz, Kampf gegen rechts, Willkommenskultur, Quantitative Easing, Entmilitarisierung, europaweite Umverteilung oder Gender Mainstreaming, all das gilt als alternativlos.

Diese Themen und Fragen sind dem demokratischen Diskurs entzogen worden, wer etwa die Sinnhaftigkeit und die angeblichen Segnungen der Masseneinwanderung in Zweifel zieht, wird vom öffentlichen Diskurs ausgeschlossen. Es werden Scheindebatten geführt, weil der Rahmen des Erlaubten und Akzeptierten eng abgesteckt ist.

Linke Dogmen sind zu allgemein akzeptierten Wahrheiten geworden. Wer sie in Frage stellt, wer das politisch korrekte Meinungskorsett sprengt, wird zum Hasser, Hetzer, Phobiker, Un- bzw. Untermenschen degradiert, marginalisiert und immer öfter kriminalisiert. Dies trifft vor allem auf rechte Oppositionsparteien, auf die AfD in Deutschland und die FPÖ in Österreich, zu. Diese Parteien und deren Vertreter werden zunehmend verfolgt und im Fall von Wahlerfolgen oder Regierungsbeteiligungen auch mit kriminellen Methoden (Ibiza-Video, Hackerangriffen etc.) bekämpft und im Idealfall weggeputscht. Die ansonsten vielgepriesene Buntheit und Vielfalt sind bei Meinungen, Ansichten, Ideologien und Zukunftsstrategien in der Medien- und Politlandschaft im postdemokratischen, politisch korrekten Europa verpönt.

Die ersten Symptome des europäischen Niedergangs, der in den 1960er-Jahren begonnen hat, dessen Wurzeln und Ursachen freilich weit tiefer in die Vergangenheit zurückreichen, wurden als Befreiung, Aufbruch, Entkrampfung, Revolution und Veränderung gefeiert. Dieser radikale gesellschaftliche Umbau und Wandel wird von den linken Kräften in Politik, Medien, Kultur und Wissenschaft bis heute ausschließlich positiv gesehen und bewertet. Alles, was nicht ins linke Weltbild oder das linke Narrativ passt, wird umgedeutet, ignoriert, verharmlost oder als unvermeidliche Kollateralschäden auf dem Weg in eine bessere, buntere Welt verbucht, damit die Stimmung auf dem lecken europäischen Kahn nicht kippt.

Dank ihrer kulturellen Hegemonie gelingt es der Linken selbst offensichtliche und blutige Fehlentwicklungen als positive gesellschaftliche Veränderungen umzudeuten. Als die SPÖ bei der

Nationalratswahl in Österreich 2019 auf 21 Prozent absackte, verkündete Parteichefin Joy Pamela Rendi-Wagner: „Die Richtung stimmt!" Sie hat mit ihrer Reaktion den Zustand und die Geisteshaltung der rezenten Linken gut charakterisiert. Einer Linken, die sich ihr Scheitern nicht eingestehen kann, die sich in ihrer ideologischen Blase eingeschlossen hat und die Realität nicht zur Kenntnis nehmen möchte, sich stattdessen in immer wahnwitzigere Utopien flüchtet. Es ist eine Mischung aus Eskapismus, Infantilismus und Verzweiflung.

Bis heute gilt ihnen die Multikulturalisierung, also eine möglichst unkontrollierte und ungeregelte Masseneinwanderung aus dem islamischen Raum und Afrika in die europäischen Gesellschaften und Sozialsysteme, trotz ihrer schon jetzt dramatischen Auswirkungen, als Bereicherung, als alternativlos, als gerechte Sühne für die angeblich aus dem Kolonialismus, Kapitalismus, Nationalsozialismus und Imperialismus resultierende immerwährende Schuld. Entgegen allen historischen Erfahrungen predigt und lebt man diese krude und in sich höchst widersprüchliche Polit-Religion. Moral und Emotion haben Fakten und Vernunft verdrängt. Das Zeitalter der Aufklärung geht in Europa zu Ende. Der linken Hypermoral und dem Multikulti-Gott werden täglich Menschen geopfert.

Die Kollateralschäden dieser moralisch und religiös überhöhten neosozialistischen Strömung werden weiterhin in Kauf genommen, obwohl sich bereits wenige Monate nach dem Willkommensherbst 2015 herausstellte, dass die Versprechungen von Politik, Medien und diversen Experten nichts anderes waren, als das Wunschdenken linker Utopisten, die keinerlei wissenschaftliche Grundierung, keine empirische Grundlage hatten.

Europa ist aus vielen Gründen nicht in der Lage, die Millionen von Armuts- und Wirtschaftsmigranten aus vormodernen Gesellschaften und rückständigen Ländern auf jenes Bildungs- und Leistungsniveau zu hieven, das notwendig wäre, um den noch vorhandenen Wohlstand, die komplexe Infrastruktur und die globale Wettbewerbsfähigkeit aufrecht zu erhalten. Unter anderem deshalb, weil viele dieser Zuwanderer weniger die westlichen Werte, die Kultur, Errungenschaften und die Aufstiegschancen und Möglichkeiten, die solche Gesellschaften ermöglichen, zu schätzen wissen als vielmehr die gut ausgebauten Sozialsysteme.

Wer ohne Not massenweise Analphabeten aus Afghanistan oder Pflichtschulabsolventen aus Afrika auf sein Territorium lässt, verspielt damit, aus welchen Motiven und Beweggründen auch immer, seinen Wohlstand, die innere Sicherheit und seine Zukunft, der wird selbst zu Afrika. Die Linke brauchte nach dem Zusammenbruch des real existierenden Sozialismus in Osteuropa und nachdem man die Arbeiterschaft und die autochthone Unterschicht als Wähler und Klientel zunehmend an sogenannte rechtspopulistische Parteien verloren hatte, als Klassenkampf und Planwirtschaft einmal mehr gescheitert waren, neue Hebel und Argumente, um ihre gesellschafts- und machtpolitischen Ziele weiter verfolgen und die austrocknenden Wählerreservoire auffüllen zu können. Das war neben dem Genderthema vor allem der Multikulturalismus. Der „edle Wilde" als Proletarierersatz, als Existenzberechtigung linker Politik und Argument für Umverteilung und den weiteren Ausbau des Umverteilungs- und Sozialstaates. Weil sich die Arbeiter nicht mehr von den Sozialisten betreuen lassen wollten, holte man sich seine Mündel aus der Dritten Welt. Das ist ein unerschöpfliches Reservoire an Armen, Unterdrückten, Verfolgten, Ausgebeuteten, also an Menschen, die den Sozialstaat, die Sozial- und Betreuungsindustrie am Laufen halten.

Da der Marsch der Linken durch die Institutionen gegen Ende des letzten Jahrtausends weitgehend abgeschlossen war, verfügte man über die dafür notwendigen Instrumentarien, Ressourcen und Kommunikationskanäle, um diese neuen Ansätze in den europäischen Gesellschaften als allgemeine Wahrheiten und alternativlose Politik zu implementieren. Mit dem Gas CO_2 und dem Schutz des Klimas fand man nach dem mehr und mehr in Verruf geratenen Multikulturalismus schließlich das ideale Vehikel, um die sozialistische Agenda voranzutreiben. Die bei den Menschen induzierte Angst vor der Klimaapokalypse eignet sich hervorragend, um einerseits von den verheerenden Folgen und Kollateralschäden verfehlter neosozialistischer Politik abzulenken, anderseits lassen sich mit ihr linke gesellschaftspolitische Ziele leichter umsetzen: Steuererhöhungen, Enteignung, Planwirtschaft oder die Einschränkung der Meinungsfreiheit, all das wird unter dem Banner der Rettung unseres Planeten schrittweise und mehr oder weniger widerstandslos umgesetzt. Mit der geschürten Angst vor dem Weltuntergang lassen sich auch Schulkinder mobilisieren und Dissidenten mundtot machen.

Sozialistische Experimente scheitern zwangsläufig, zumeist blutig. In jedem Fall hinterlassen sie Elend, Not, Armut und Verzweiflung. Das trifft auch auf das aktuelle linke Gesellschaftsexperiment auf europäischem Boden zu, wie immer man es auch nennen möchte. Neu daran ist nur die Geschwindigkeit, mit der die Neosozialisten einen ganzen Kontinent ohne Not mit ideologischer Verbissenheit und moralischem Eifertum gegen die Wand fahren.

Europa entwickelt sich zu einer Dritte-Welt-Region oder, um es mit dem in Europa so verhassten Donald Trump zu sagen, in ein Shithole. Die EU ist auf dem direkten Weg zu einem Failed State. Das ist keine Prophetie, diese Prozesse sind bereits in verschiedenen Teilen Europas unterschiedlich weit fortgeschritten. So versinkt das einstige linke Multikulti-Vorzeigeland Schweden nur vier Jahre nach dem europäischen Willkommenswahn im Chaos, der Staat verliert die Kontrolle über immer größere Gebiete, wo zunehmend aus dem islamischen Raum importierte Migrantenbanden die Regeln des Zusammenlebens bestimmen. Der schwedische Sozialstaat, einst Vorbild für Sozialdemokraten in aller Welt, ist kaum noch finanzierbar. Schweden war jenes EU-Land, das 2015, als Angela Merkel die Grenzen Deutschlands und damit auch die der EU de facto abgeschafft hat, die meisten Menschen aus der Dritten Welt aufgenommen hat.

Es war einer der, um die Terminologie der Klimahysteriker zu verwenden, Kipppunkte auf dem steilen Weg nach unten. Die Massenzuwanderung aus der Dritten Welt beschleunigte und verstärkte viele Zerfalls- und Zersetzungsprozesse. Dies ist so offensichtlich und für die einfachen Bürger unmittelbar spür- und erlebbar, dass die gesamte kulturelle und mediale Macht der Linken nicht mehr ausreichte, um die Deutungshoheit über die Krise zu behalten. Die sogenannten Rechtspopulisten konnten kurzzeitig große Erfolge erzielen, die Sozialisten stürzten ab. Doch in neuen Gewändern (Emmanuel Macron und seine En-Marche-Bewegung in Frankreich), durch die Transformation bürgerlicher in linke Parteien (die CDU unter Angela Merkel in Deutschland), mit mafiösen Methoden (das Ibiza-Video, das die rechts-konservative Regierung in Österreich sprengte), mit der medial entfachten Klimahysterie, die die Grünen wieder populär machte, und der Hilfe des Tiefen Staates, gewannen die roten und grünen Neosozialisten wieder die Oberhand. Die linke Agenda konnte, trotz eines rechtspopulistischen Intermezzos, zu allen Zeiten aufrechterhalten werden. Außer im wilden Osten Europas. Sowohl Salvini in Italien als auch Heinz Christian Strache wurden, entgegen dem Willen der Mehrheit der Bürger, vom Thron gestoßen.

Seither ist der Klimawahn in Kombination mit dem europäischen Schuldkult die politische Allzweckwaffe der Linken. Der Kampf gegen das CO2, der von EU-Kommissionspräsidentin Ursula von der Leyen ausgerufene „Green Deal" oder der Klimakampf von EZB-Chefin Christine Lagarde sind nur Vorwände, den Bürgern jene politischen Maßnahmen, die den Niedergang zwar hinauszögern, ihn aber weder bekämpfen noch stoppen, als alternativlos verkaufen zu können, die aber letztendlich Massenverarmung, Enteignung, steigende Arbeitslosigkeit, soziale Spannungen und Einschränkungen der individuellen Freiheit bedeuten. Um den Planeten zu retten, müssen die einfachen Menschen eben einiges in Kauf nehmen, auf vieles verzichten. Die politische Elite Europas, die nicht in der Lage ist, in den von ihnen regierten Ländern Ordnung, Sicherheit und Wohlstand aufrecht zu erhalten, schwingt sich zu den Rettern des Planeten auf. Es ist ein absurdes Schauspiel. Dank der breiten Unterstützung durch Medien, Wissenschaft und Kultur aber nicht absurd genug, denn viele Menschen glauben den selbsternannten Klimarettern, lassen sich vor deren Karren spannen. Angst, noch dazu vor der Apokalypse, ist seit Jahrhunderten ein beliebtes Machtinstrument, um seine Untertanen zu steuern und zu unterdrücken.

Auch die Migrationskrise, die 2015 ihren vorläufigen Höhepunkt erreichte, ist nicht nur nicht ausgestanden, wie Politik und Mainstream-Medien seit 2016 lautstark verkünden, sie hat angesichts der Entwicklungen in Afrika, dem islamischen Raum und in Europa noch nicht einmal richtig begonnen. Der Migrationsdruck auf Europa wird angesichts der anhaltenden Konflikte, des Wohlstandsgefälles, der hohen Geburtenraten und der fehlenden Bereitschaft Europas, sein Territorium, seine Grenzen, seine Sozialsysteme, Bürger und Werte zu schützen, immer größer. Europa hat seit dem Herbst 2015 wenig unternommen, um sich auf künftige Einwanderungswellen vorzubereiten. Man hat lediglich die Mahner und Kritiker der Open-Border-Politik attackiert und deren Meinungen und Äußerungen mit Verhetzungsparagraphen kriminalisiert. Die Politik kann dabei auf die volle Unterstützung der Mainstream-Medien, Kulturszene, NGOs und Kirchen rechnen. Wie gesagt, der linke Marsch durch die Institutionen war erfolgreich.

Mit Repressalien und sozialem Druck versucht man politische Gegen- und Widerstandsbewegungen bereits im Keim zu ersticken und klein zu halten, die Bürger werden mit immer neuen Versprechungen und Hinhaltetaktiken bei Laune gehalten, mit der Klimareligion abgelenkt und beschäftigt. Zu diesem Zweck wird sogar ein autistisches Kind als falsche Prophetin durch die linke Medienarena getrieben und als eine Art Klima-Heilige verehrt, die selbst die katholische Kirche als Gottes-Ersatz anbetet.

Die Öffnung der Grenzen und Sozialsysteme für Armuts- und Wirtschaftsmigranten aus aller Welt hat, je nach Sichtweise, die Transformation oder den Niedergang Europas dramatisch beschleunigt. Der Kontinent hat sich seit 2015 verändert. Für immer.

Diese Veränderungsprozesse sind für alle sicht- und erkennbar, außer man trägt ideologische Scheuklappen oder hat es sich in seiner Ideologie-Blase bequem eingerichtet. Es braucht mittlerweile viel Selbstbetrug und Ignoranz, um diesen Niedergang nicht erkennen zu können. Der Alltag und das Leben der Europäer hat sich seit der Jahrtausendwende grundlegend gewandelt. Täglich muss das Zusammenleben mit jenen, die noch nicht so lange hier leben, neu ausgehandelt werden, der soziale Frieden kann nur noch mit hohen Transfer- und Sozialleistungen, die nichts anderes als Schutzgelder sind, erkauft werden. Wie lange noch?

Während die linken Multikulti-Apologeten den Niedergang Europas und das Scheitern ihrer Ideologie mit moralischer Erpressung, Panikmache, Kampf gegen rechts und hohlen Phrasen einer weitgehend infantilisierten Gesellschaft als Bereicherung und Buntheit zu verkaufen wissen, sind von diesen Transformationsprozessen alle Schichten unserer Zivilisation betroffen, sie gehen tief, unterspülen das Fundament, auf dem Europa ruht.

All das wird geleugnet und verdrängt, die Realität umgedeutet, aus Tätern werden Opfer und aus Opfern Täter. Selbst Offensichtliches wird geleugnet. Ja, je mehr Afrikaner zuwandern, desto afrikanischer wird Europa. Ja, je mehr Muslime hier leben, desto islamischer wird Europa. Ja, je mehr Menschen aus Gesellschaften zu uns kommen, in denen Gewalt und Unterdrückung das Leben und den Alltag bestimmen, umso mehr steigen Gewalt und Kriminalität in Europa. Ja, je mehr Menschen aus Gesellschaften mit hoher Geburtenrate einwandern, desto höher wird sie in Europa. So simpel und zwingend das auch sein mag, es wird von den politischen Verantwortungsträgern und Meinungsmachern negiert.

Ja, die Menschen, die massenhaft aus Afghanistan, Syrien, Nigeria, dem Iran oder dem Maghreb zu uns gekommen sind, haben ihre Traditionen, Religionen, Konflikte, Lebensweisen, Werte, Verhaltensweisen und Ziele mitgebracht. Dazu gehören unter anderem Kinderehen, Genitalverstümmelungen, Ehrenmorde, religiöser Fanatismus, Missachtung von Frauenrechten, Gewalt als gesellschaftlich akzeptiertes Mittel zur Lösung von Konflikten etc. All das gehört nun erstmals bzw. wieder zu Europa. Linke Multikulti-Apologeten nennen das euphemistisch kulturelle Bereicherung.

Es gibt für die Neubürger aus Afrika und dem Orient auch wenig Gründe und Motivation, sich zu integrieren, sich der europäischen Kultur und Lebensweise anzupassen, sich die postaufklärerische Weltsicht der Europäer anzueignen, zumal jene, die schon länger hier leben, wenig Selbstbehauptungswillen zeigen, nicht stolz auf ihre Geschichte, Kultur, Traditionen und Leistungen sind, sondern im Gegenteil, das hassen, was Europa ausmacht und stattdessen das Fremde und Exotische verehren, sich in einer seltsamen Mischung aus Ekel, Selbsthass, Überschätzung und Überheblichkeit in ihrer Schuld suhlen. Wer, wie die Europäer, keinen Respekt einfordert, dem wird auch keiner entgegengebracht. In solche Gemeinschaften integriert man sich nicht, man verachtet und erobert sie.

Der Multikulti-Kaiser ist nackt. Das ist offensichtlich. Trotzdem wird es von den politischen Verantwortungsträgern, ihren medialen und kulturellen Helfershelfern und sonstigen linken Meinungsmachern vehement abgestritten. Der Kaiser habe die schönsten, buntesten und prachtvollsten Gewänder, wer etwas anders behauptet, ist ein Nazi, was in unserer Gesellschaft als Höchststrafe gilt. Man bekämpft nicht jene, die Demokratie und Rechtsstaat gefährden, sondern jene, die vor diesen Kräften warnen.

Wer etwa behauptet, Europa werde islamisiert, wird sofort als Hetzer und Phobiker, also als Geisteskranker gebrandmarkt und aus der Gemeinschaft verstoßen. Obwohl die Zahl der Muslime aufgrund der anhaltenden Zuwanderung und ihrer signifikant höheren Geburtenrate rasant steigt, obwohl die Europäer zunehmend auf deren religiöse Gefühle, Gewohnheiten und Vorschriften Rücksicht nehmen müssen, obwohl die Forderungen der Islamverbände und -lobbyisten immer lauter und fordernder werden, obwohl sich das Stadtbild in den europäischen Metropolen augenscheinlich verändert hat, obwohl muslimische Themen und Forderungen die mediale Berichterstattung beherrschen und Politiker von Angela Merkel abwärts ganz offen sagen, der Islam gehöre zu Europa. Dieselben Politiker reagieren allerdings erbost, sollte es jemand wagen, öffentlich zu behaupten, Europa werde islamisiert, Europa könne, sobald sich die Mehrheitsverhältnisse geändert haben – was in absehbarer Zeit der Fall sein wird –, zu einem Gottesstaat, zu Eurabia werden. Diese Mahner und Kritiker werden als Hetzer, Rassisten, Islamophobe, als Feinde der Demokratie (was besonders skurril ist) mundtot gemacht.

Einwanderung und Islamisierung sind aber nur zwei Gründe, für die Transformation Europas in eine Dritte-Welt-Region. Es gibt viele andere Aspekte und Ursachen, die sich gut mit Zahlen und Fakten belegen lassen. Sie werden, obwohl leicht verfügbar, ignoriert, nicht in einen größeren Kontext gesetzt, um die autochthonen Bevölkerungen nicht zu verstören, sprich um sie ruhigzustellen.

Dass sich Europa im Niedergang befindet, lässt sich durch unzählige offizielle und amtliche Zahlen, Daten und Fakten beweisen, auch, dass viele dieser Prozesse zum Teil weit fortgeschritten und oftmals irreversibel sind.

Was kennzeichnet ein Entwicklungsland? Das sind einige wichtige Charakteristika:

▸ geringes Pro-Kopf-Einkommen
▸ geringe Sparquote
▸ niedriges Bildungsniveau
▸ mangelhafte Infrastruktur
▸ geringe Industrialisierung
▸ hohe Staatsschulden
▸ staatliche Intervention (Wirtschaft)
▸ Korruption
▸ viele Beschäftigte im primären- (Landwirtschaft, Bergbau) und im Dienstleistungs-Sektor
▸ hohes Bevölkerungswachstum
▸ politische Instabilität

- bürgerkriegsähnliche Zustände
- hohe Auslandsverschuldung
- Kapitalflucht
- grenzüberschreitende Migration
- unkontrollierte Binnenmigration
- starke Orientierung auf Primärgruppen (Familie, Klan, Stamm)
- undemokratische Strukturen
- Brain-Drain

Überträgt man diese Kriterien auf Europa, zeigt sich deutlich, dass sich unser Kontinent in fast allen der angeführten Punkte den Entwicklungsländern, die man aus politischer Korrektheit nicht mehr so nennen darf, annähert. Wo Europa noch führend ist – allerdings zum Gespött der restlichen Welt –, ist bei der Moral, dem Verdrängen von unschönen Wahrheiten und der Rettung des Planeten. Es ist skurril: Obwohl Europa wirtschaftlich, geopolitisch, technologisch, kulturell und militärisch den Anschluss längst verloren hat, geriert es sich als Vorreiter, als weltweite moralische Instanz, als Retter des Planeten. Angela Merkel, die Deutschland und halb Europa innerhalb weniger Jahre an den Abgrund geführt hat, sieht sich selbst als „Weltkanzlerin"[1], als jemand, der in der Lage ist ganze Kontinente zu befrieden und die Menschheit zu retten.

Das koloniale und das eurozentristische Gedankengut, das man so gerne ablegen würde, tritt hier unter dem Deckmantel des Humanismus als Karikatur zu Tage. In China haben die europäischen Gutmenschen bereits eine eigene Bezeichnung, man nennt sie Baizuos. Und das ist nicht schmeichelhaft gemeint.

Deindustrialisierung und sinkende Wettbewerbsfähigkeit

Betrachten wir einige dieser Kriterien genauer. Die industrielle Revolution machte Europa zu dem, was es bis vor Kurzem war, brachte es an die Weltspitze. Das ist vorbei, Europa ist keine führende Industrieregion mehr, wir befinden uns vielmehr in einer Phase der Deindustrialisierung. Die europäische Industrie hat dramatisch an Bedeutung und Wettbewerbsfähigkeit verloren. Ganze Sparten sind nach Asien abgewandert.

War Europa einst bei der Mobilfunktechnologie mit Konzernen wie Nokia, Ericsson oder Siemens führend, spielt es beim neuen 5G-Standard keine Rolle mehr. Auch in der von der Politik gehypten und massiv geförderten Umwelttechnologie hat uns China längst den Rang abgelaufen.

Selbst die verbliebenen Schlüsselbereiche der „Old Industry" wandern ab oder befinden sich im Niedergang. Die Technik- und Fortschrittsfeindlichkeit, die sich mit dem Aufstieg der Öko-Bewegung seit den 1970er-Jahren vor allem im deutschsprachigen Raum verbreitet hat und die durch den AKW-Unfall in Tschernobyl im Jahr 1986 und den Tsunami in Japan 2011 befeuert wurde, hat dazu geführt, dass Europa in den zukunftsrelevanten Bereichen nicht mehr mit den USA, Japan und China Schritt halten kann. „Europa hinkt in den Zukunftsbranchen hinterher – und muss schleunigst reagieren"[2], warnte 2016 die FAZ. Der Abstand ist seither noch größer geworden.

Europa hat denkbar schlechte Rahmenbedingungen für innovative, forschungsintensive, zukunftsorientierte Branchen. Die

[1] https://www.stuttgarter-zeitung.de/inhalt.trump-fordert-angela-merkel-heraus-die-weltkanzlerin-nimmt-ihre-rolle-an.c22291c5-4fde-48b3-b49d-c0d6eb8c13ce.html
[2] https://www.faz.net/aktuell/wirtschaft/europa-hinkt-in-den-zukunftsbranchen-hinterher-14352835.html

„German Angst" vor der Klimaapokalypse versetzt nun auch den verbliebenen alten Industrien den Todesstoß. Die deutsche Autoindustrie muss Zehntausende Arbeitsplätze abbauen. Viele schon lange nicht mehr wettbewerbsfähige Konzerne und Firmen existieren zudem nur noch, weil sie dank der EZB mit billigem Geld als sogenannte Zombie-Unternehmen am Leben erhalten werden.

Da jede wirtschaftliche Aktivität CO_2 produziert, kann der Ausstoß des für unser Klima angeblich so gefährlichen Gases – abgesehen von Effizienzsteigerungen – nur gesenkt werden, wenn die Wirtschaft schrumpft. Das passiert gerade. Das ist von einigen politischen Kräften auch gewollt, ob sie sich über die Konsequenzen in vollem Umfang im Klaren sind, steht auf einem anderen Blatt. Wobei das, was die Europäer nicht mehr produzieren, in anderen Teilen der Welt oftmals weit umweltschädlicher hergestellt wird. Länder wie China, Brasilien oder die USA haben sich in dieser Frage längst von Europa abgewandt und für viele Entwicklungsländer geht es bei dieser Debatte weniger um das Klima als um finanzielle Zuwendungen aus Europa.

Die von der EU und Deutschland angestrebte Dekarbonisierung erreicht man am schnellsten und effektivsten durch Deindustrialisierung. Die Energiewende hat den Energiepreis verteuert, die Grünen in Deutschland und Österreich wollen ihn mit neuen Steuern weiter nach oben treiben. Industriezweige mit hohem Energiebedarf wandern ab, ohne dass es die Öffentlichkeit mitbekommen würde: „Die energieintensive Industrie steigert demnach ihre Direktinvestitionen im Ausland, während sie im Inland den Kapitalstock schrumpfen lässt"[3], so das Ergebnis einer Studie aus Österreich aus dem Jahr 2015.

Auch die europäische Infrastruktur ist nicht mehr auf der Höhe der Zeit. Während etwa China sein 5G-Netzwerk bereits flächendeckend ausgebaut hat, klaffen im deutschen Handynetz nach alten Standards noch immer größere und kleinere Lücken.

Kein Wunder, mittlerweile ist Europa mit technischen Großprojekten überfordert. Man denke an das Navigationssystem Galileo, das bereits zehn Jahre hinter Plan liegt und noch immer sind nicht alle dafür notwendigen Satelliten im All[4]. Noch peinlicher für das Ansehen Europas und vor allem Deutschlands ist das Berliner Flughafendesaster. Zum Vergleich: Pekings im Jahr 2019 eröffneter Mega-Flughafen wurde in nur vier Jahren auf die grüne Wiese gestellt. In Berlin ist auch nach 14 Jahren nicht absehbar, wann und ob der Flughafen jemals in Betrieb gehen wird, trotz gigantischer Kosten. Europa hat den Anschluss verloren, wir spielen in den zukunftsrelevanten Wirtschaftszweigen keine Rolle mehr. Das zeigt auch diese Graphik:

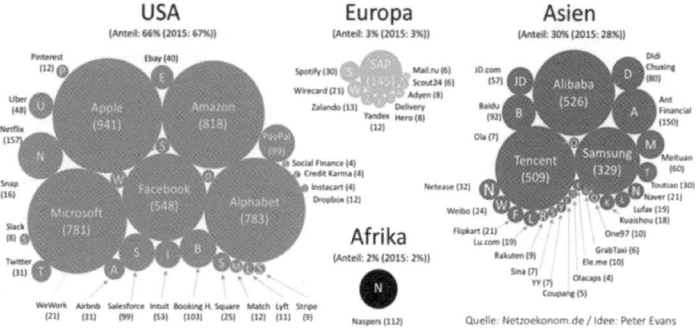

Die Unwucht der Plattform-Ökonomie

Die 60 wertvollsten Plattformen der Welt (Angaben in Mrd. Dollar (Börsenwert/jüngste Finanzierung, Juni 2018))

Quelle: netzoekonom.de

[3] https://www.voestalpine.com/group/de/media/presseaussendungen/2015-10-01-studie-schleichende-abwanderung-energieintensiver-industrie-droht/
[4] https://www.br.de/themen/wissen/weltweite-navigation-mit-galileo-ab-2019-moeglich-100.html

Ein Grund, warum in der Digitalwirtschaft und anderen zukunftsrelevanten Bereichen Europa den Anschluss verliert, ist der Fachkräftemangel. Die europäischen Bildungssysteme bringen immer weniger qualifizierten Nachwuchs hervor. Dieses Problem wird sich weiter verschärfen, weil auch im Bildungssektor der Abstieg der EU-Staaten zügig voranschreitet. Bei der aktuellen Pisa-Studie wurden Lesekompetenz, Mathematik und Naturwissenschaften bei 15- und 16-jährigen Schülern in 79 Staaten getestet. Die Ergebnisse waren für Europa, mit Ausnahme von Estland und Finnland, vernichtend. Der Münchner Merkur titelte: „Pisa-Ergebnisse schocken Experten: ‚Dramatisch' – Rangliste zeichnet deutliches Bild"[5] Dramatisch ist der passende Ausdruck. Die Leistungen der europäischen Schüler fallen immer weiter ab. Da hilft es auch nichts, wenn in Deutschland immer mehr junge Menschen Abitur (Matura) oder einen Uniabschluss vorweisen können. Das wird nur durch eine kontinuierliche Absenkung der Anforderungen und Standards erreicht. Im internationalen Vergleich sieht es für Länder wie Deutschland, Frankreich oder Österreich düster aus:

Bei der PISA-Studie 2019 liegen in den drei erhobenen Kategorien folgende Länder voran:

Lesekompetenz		Mathematik		Naturwissenschaften	
1. China[6]	555	1. China	591	1. China	590
2. Singapur	549	2. Singapur	549	2. Singapur	551
3. Macau (Ch.)	525	3. Macau (Ch.)	558	3. Macau (Ch.)	544
4. Hongkong (Ch.)	524	4. Hongkong (Ch.)	551	4. Estland	530
5. Estland	523	5. Taipeh (Ch.)	531	5. Japan	529

[5] https://www.merkur.de/politik/pisa-ergebnisse-studie-2019-rangliste-deutschland-schueler-zr-13266783.html
[6] Regionen Peking, Shanghai, Jiangsu und Zheejiang

Multikulturalisierte – oder besser islamisierte – Länder wie Deutschland oder Österreich fallen immer weiter zurück, nähern sich dem Niveau afrikanischer oder arabischer Entwicklungsländer. Warum das so ist, lässt sich aus den Detailergebnissen der Pisa-Studie ableiten. Weil das aber den Dogmen der Multikulti-Ideologie widerspricht, wird dieses Problem, das aufgrund der demographischen Veränderungen von Jahr zu Jahr größer wird, von den Verantwortungsträgern und Meinungsmachern standhaft ignoriert. Einschlägige Experten und Bildungswissenschaftler suchen verzweifelt nach anderen Ursachen und hoffen sie, entsprechend ihres sozialistischen Weltbildes, entweder im Sozioökonomischen oder in „zu leistungsorientierten", pädagogischen Konzepten zu finden. Anstatt auszusprechen, was ohnehin alle wissen, dass der Multikulti-Kaiser nackt ist, sucht man weiter nach ideologisch kompatiblen Ausflüchten und Ausreden. Dazu gehört etwa, die PISA-Studie in Frage zu stellen. Die Chinesen würden ihre Schüler extra auf diese Tests vorbereiten – wie furchtbar –, außerdem wäre die PISA-Studie generell nicht aussagekräftig. Weil man nicht mehr mit den Ostasiaten mithalten kann, stellt man die Bewertung und Methode in Frage und seinen roten Kopf in ideologischen Treibsand. Wenn es keinen direkten Vergleich mehr mit den Ostasiaten gibt, haben die Linken im Bildungsbereich wieder ein paar Jahre ohne störende öffentliche Debatten gewonnen und können das System weiter zu Tode reformieren.

Dabei ist es eindeutig: „Zudem schneiden Schüler mit Migrationshintergrund nach wie vor deutlich schlechter ab als Jugendliche, deren Eltern in Österreich geboren wurden."[7] So klar

[7] https://www.krone.at/2054760

wie die Kronen Zeitung formuliert das sonst kaum ein linkes Mainstream-Medium oder ein Politiker. Wer sich solche Studien genauer ansieht, und das rhetorische und argumentative Beiwerk ignoriert, sich nur auf Fakten und Zahlen konzentriert, findet unzählige Belege dafür, dass der Bildungsverfall eine direkte Folge der unkontrollierten Massenzuwanderung aus der Dritten Welt ist, dass es hier einen unbestreitbaren kausalen Zusammenhang gibt.

So haben zwei Drittel aller österreichischen Schüler mit Migrationshintergrund 2017 die Bildungsstandards in Mathematik (8. Schulstufe) nicht erreicht, bei den autochthonen Schülern war es nur ein Drittel. Und weil dieser Teil der Bevölkerung rasant wächst, sinken die schulischen Leistungen insgesamt. Auch die Hoffnung, dass die zweite, dritte oder vierte Generation zu den autochthonen Schülern aufschließen kann, hat sich längst als infantiles Wunschdenken herausgestellt. Im Gegenteil, es findet eine allgemeine Nivellierung nach unten statt.

Kein Wunder, zumal sich die Mehrheitsverhältnisse längst umgekehrt haben. In den Wiener Pflichtschulen, also Volks-, Haupt-[8] und Neue Mittelschule[9], sind die Muslime längst die größte Religionsgruppe. Die vielbeschworene und mit viel Steuergeldern finanzierte Integration findet längst in die andere Richtung statt.

Und weil die politisch Verantwortlichen nicht bereit sind, die Probleme und Ursachen beim Namen zu nennen, wird der Abstand zwischen Europa und Ostasien von Jahr zu Jahr größer.

[8] https://www.diepresse.com/1577811/schul-kreuz-wie-man-christen-zahlt
[9] https://wien.orf.at/v2/news/stories/2935006/

Unter 1000 zehnjährigen Ostasiaten gehören 320 bis über 500 in die höchste mathematische Leistungsklasse. In Deutschland sind es rund 50, in Frankreich nur noch erbärmliche 25[10]. Damit unterscheidet sich Frankreich kaum noch von einem afrikanischen Dritte-Welt-Staat. Gunnar Heinsohn in der Neuen Zürcher Zeitung: „Angesichts des deutschen Bildungsfiaskos kann niemand die Ostasiaten davon überzeugen, dass Niveauabsenkung ihre Konkurrenzfähigkeit verbessert. Alle zusammen nehmen jährlich nicht einmal 100 Asylbewerber auf. Weil sie spüren, dass tendenziell Unbeschulbare keinen brauchbaren Ersatz für ihre Rentner liefern, setzen sie auf Roboter und stehen mit über 60 Prozent der installierten Kunstmenschen an der Weltspitze.“[11]

Dass Europa angesichts solcher unbestreitbarer Zahlen in Forschung, Technik, Entwicklung und Innovation international nicht länger mithalten kann, liegt auf der Hand. Die Lage ist aber viel dramatischer. Mit dem Output europäischer Pflichtschulen lässt sich weder unser Wohlstand noch die komplexe Infrastruktur, der Verwaltungsapparat oder die schon jetzt überdehnten Pensions- und Sozialsysteme aufrechterhalten. Ohne entsprechend ausgebildete Menschen, ohne entsprechendes Humankapital wird sich Europa jenen Ländern angleichen, aus denen die Hunderttausenden Menschen zu uns geströmt sind.

In Österreich, einem Land mit knapp neun Millionen Einwohnern, sind rund eine Million[12] Menschen funktionale Analpha-

[10] https://www.nzz.ch/feuilleton/die-schere-zwischen-kompetenten-und-inkompetenten-klafft-weltweit-immer-weiter-auseinander-china-stellt-die-digitale-avantgarde-und-westeuropa-zaudert-wie-verschieben-sich-gerade-die-gewichte-ld.1434525
[11] https://www.nzz.ch/feuilleton/die-schere-zwischen-kompetenten-und-inkompetenten-klafft-weltweit-immer-weiter-auseinander-china-stellt-die-digitale-avantgarde-und-westeuropa-zaudert-wie-verschieben-sich-gerade-die-gewichte-ld.1434525
[12] https://www.diepresse.com/4680005/970000-funktionale-analphabeten

beten, sie können also nicht ausreichend Lesen und Schreiben. Damit liegt Österreich nur noch knapp über der Analphabeten-Rate arabischer Staaten[13].

Es mangelt aber nicht nur an Bildung, Wissen und einfachsten Grundkenntnissen in Mathematik, auch die sogenannten Sekundärtugenden, also Pünktlichkeit, Ordnung, Zuverlässigkeit oder Pflichtbewusstsein sind Voraussetzung, um die westlichen Standards aufrechtzuerhalten. Schon jetzt leidet die europäische Wirtschaft an akutem Fachkräftemangel. Selbst für einfache Tätigkeiten, etwa im Handel oder im Dienstleistungsbereich finden Firmen immer weniger Arbeitskräfte. So können etwa die niederösterreichischen Industriebetriebe ihre Lehrstellen (Plätze für Auszubildende) kaum noch besetzen. Es mangelt den Bewerbern bei den Grundrechnungsarten, der Allgemeinbildung und dem logischen Hausverstand, so der Obmann der Sparte Industrie in der Wirtschaftskammer NÖ[14].

Angesichts solcher Entwicklungen ist es völlig absurd, wenn in Brüssel, Berlin oder Wien einmal mehr eine Digitalisierungs- oder Start-up-Offensive angekündigt und ausgerufen wird, wer sollte sie tragen? In Zeiten von Hightech, Künstlicher Intelligenz, Robotern und selbstfahrenden Autos können Menschen ohne entsprechende Qualifikation nichts zur Wertschöpfung und zum allgemeinen Wohlstand beitragen, sie – und in der Regel auch ihre Nachkommen – sind auf Transferleistungen angewiesen. Deshalb werden die jetzt schon enormen Kosten und Folgekosten der Masseneinwanderung weiter ansteigen und die Sozialsys-

---

teme zum Kollabieren bringen. Die Milliarden-Verluste der gesetzlichen Krankenkassen in Deutschland sind nach den Worten der Verbandschefin bereits jetzt „alarmierend"[15], dabei hatte man noch vor Kurzem getönt, Flüchtlinge, also Einwanderer aus der Dritten Welt, würden „die Krankenkassen entlasten"[16].

Und weil man aus ideologischen Gründen die Ursachen des Bildungsverfalls nicht nennen kann und darf, reformieren die Linken die Bildungssysteme an den wahren Problemen vorbei zu Tode. Man setzt seine Hoffnungen auf Konzepte aus der sozialistischen Mottenkiste wie Gesamtschulen, Ganztagsschulen, Schulen ohne Noten und andere leistungsfeindliche Ideen und verschlimmert bzw. beschleunigt damit die ohnehin schon katastrophalen Entwicklungen. Das Bildungsniveau sackt weiter ab, obwohl Österreich und Deutschland viel Geld in ihre Schulsysteme und die Integration pumpen. Deshalb versucht die OECD nach dem Pisa-Test 2019 Österreich Mut zuzusprechen: „Der Abstand zu den Spitzenreitern (...) bleibt in allen drei Bereichen groß. Positiv schneidet Österreich bei der Einstellung seiner Schülerinnen und Schüler zur möglichen Weiterentwicklung der eigenen Leistungen und zur Kooperation mit Mitschülern ab."[17] Soll heißen: Die Schüler überschätzen sich, tun sich schwer beim Lesen, sind in Mathematik und Naturwissenschaften schlecht, aber im Umgang mit ihren Mitschülern schneiden sie gut ab. Das ist quasi eine offizielle Bankrotterklärung.

Laut einer anderen OECD-Studie kommen im Jahr 2030 zwei

[15] https://www.welt.de/wirtschaft/article204572596/Krankenkassen-fahren-Milliarden-Verlust-ein-erstmals-seit-2015.html
[16] https://www.deutsche-apotheker-zeitung.de/news/artikel/2018/01/16/fluechtlinge-entlasten-die-krankenkassen
[17] http://www.oecd.org/berlin/presse/pisa-studie-2018-oesterreich-insgesamt-im-mittelfeld-mit-ruecklaeufigem-trend-in-den-naturwissenschaften-03122019.htm

Drittel der Fachkräfte in den MINT-Fächern (Mathematik, Informatik, Naturwissenschaften und Technik) aus China und Indien. Europa spielt in zehn Jahren praktisch keine Rolle mehr:

Anteil der Hochschulabsolventen in den MINT-Fächern innerhalb der OECD und G20[18]

- China   37%
- Indien   26,7%
- Russland   4,5%
- USA   4,2%
- Indonesien   3,7%
- Saudi-Arabien   3%
- Deutschland   1,4%
- Frankreich   0,8%

Im Jahr 2006 hat die Weltbank in ihrer Studie „Where is the Wealth of Nations? – Measuring Capital for the 21st Century"[19] berechnet, worin der Reichtum der Länder besteht. Für Österreich errechnete man, dass Rohstoffe, Maschinen und Gebäude insgesamt 16 Prozent ausmachen. 84 Prozent des österreichischen Reichtums besteht aus dem Wissen, den Fertigkeiten und dem Know-how seiner Bevölkerung. Dieses Kapital haben Österreich und die anderen EU-Länder längst verspielt.

Dieser Rückfall, diese Rückentwicklung bedingt einen dramatischen Wohlstandsverlust, der nur noch mit Voodoo-Ökonomie á la Mario Draghi und Christine Lagarde hinausgezögert werden kann. Da die europäischen Staaten aufgrund solcher Entwicklungen und des damit verbundenen geringen Wirtschaftswachstums

[18] https://www.manager-magazin.de/politik/deutschland/mm-grafik-mint-absolventen-2030-a-1032766.html
[19] https://www.iv.at/media/filer_public/93/62/9362d49b-73e0-43cf-81cd-04e34fd27750/file_656.pdf

nicht mehr in der Lage sind, dauerhaft ihre Sozialsysteme, von denen hauptsächlich Migranten profitieren und leben, aufrecht zu erhalten, sind Unruhen die logische Konsequenz. In Frankreich gingen Ende 2019 mehrere Hunderttausend Menschen auf die Straße, um gegen Einschnitte beim mittelfristig nicht mehr finanzierbaren Pensionssystem zu demonstrieren.

Auch die französische Gelbwesten-Bewegung entstand, weil immer mehr Bürger ihren Lebensstandard nicht mehr halten können und in die Armut abgleiten. Keine Frage, die fetten Jahre sind vorbei. Nicht nur Frankreich hat seine letzten Reserven aufgebraucht, immer mehr Menschen müssen vom Staat, also von einer schrumpfenden Zahl von Leistungsträgern und Nettosteuerzahlern, versorgt werden. Die stotternde Wirtschaft ist nicht mehr in der Lage, genügend Geld für den gefräßigen Multikulti-Sozialstaat zu erwirtschaften. Wenn der Kuchen kleiner und die Esser mehr werden, werden die Verteilungskämpfe härter geführt. Die Gelbwesten-Proteste waren nur ein Vorgeschmack. Zumal jene, die dazu in der Lage sind, die Flucht ergreifen. Während auf der einen Seite Sozialmigranten in großer Zahl nach Europa strömen, ergreifen immer mehr Reiche und gut Ausgebildete die Flucht. Wer kann, der geht. 180.000 Deutsche verlassen jedes Jahr ihre Heimat. Viele für immer. Sie haben eines gemeinsam, sie sind „überdurchschnittlich leistungsfähig und -willig" und deutlich gebildeter als der deutsche Durchschnitt[20]. Der „Bevölkerungsaustausch", ein Begriff, der von den linken Gesinnungswächtern gern ins Nazi-Eck gerückt wird, ist, wie sich

[20] https://www.tichyseinblick.de/kolumnen/knauss-kontert/deutschland-als-auswanderungsland-die-erfolgreichen-gehen/?fbclid=IwAR2UntVkXb98SPOli8ZEaWjiJRzZokHiiz61sdOZIg4zge2sJ6qDTT-k_ME

anhand solcher Zahlen beweisen lässt, Realität.

Für Reiche und Leistungsträger sind Länder nicht sonderlich attraktiv, die sie mit Rekordsteuern belasten und trotzdem nicht in der Lage sind, für die Sicherheit der Bürger zu sorgen, eine effiziente Verwaltung zu gewährleisten oder eine moderne Infrastruktur aufzubauen. Die Reichen sehen zu, dass sie die Euro-Zone verlassen. Mehr als 4.000 Millionäre sollen allein im Jahr 2016 Deutschland den Rücken gekehrt haben, ein paar Jahre zuvor waren es nur ein paar Hundert jährlich[21], schrieb 2018 der Stern. All das trägt dazu bei, dass die europäischen Sozialstaaten mittelfristig unfinanzierbar werden. Der renommierte deutsche Finanzökonom Bernd Raffelhüschen errechnete, dass die Flüchtlingswelle Deutschland bis zu 1,5 Billionen Euro[22], das sind 1.500 Milliarden Euro, kosten könnte. Schon jetzt warnen Gewerkschafter des Öffentlichen Dienstes: „Wir steuern auf einen Systemkollaps zu.“[23]

Gewalt, Unruhen und Retribalisierung

Hier sind wir bei einem weiteren Charakteristikum eines Entwicklungslandes: dessen instabile Lage, immer wieder ausbrechende soziale, ethnische oder religiöse Unruhen, Fehden, Kämpfe zwischen Klans, Volksgruppen oder Banden, bürgerkriegsähnliche Zustände bzw. handfeste Bürgerkriege, Verfolgung und Diskriminierung von Minderheiten, alltägliche Ge-

---

[21] https://www.stern.de/wirtschaft/geld/millionaere-fliehen-aus-deutschland---die-nerze-verlassen-das-sinkende-schiff-7354096.html
[22] https://www.welt.de/wirtschaft/article157171883/Auf-unsere-Kinder-wartet-die-7-7-Billionen-Euro-Luecke.html
[23] https://www.welt.de/politik/deutschland/plus204576010/Oeffentlicher-Dienst-Wir-steuern-auf-einen-Systemkollaps-zu.html

walt, ausufernde Kriminalität, Verteilungskämpfe.

All das scheint weit weg, von alldem scheint die EU nicht betroffen zu sein. Bürgerkrieg, Unruhen und dergleichen kennt man nur aus den TV-Berichten aus Afrika oder Lateinamerika. Bei uns in Europa ist alles in Ordnung. Die Staaten des selbsternannten Erfolgsprojektes EU sind stabil, reich und sicher. So das Narrativ der Brüsseler Herrschaftskaste. So hören wir es von der herrschenden Klasse und den Medien. Alles, was dieser Propaganda widersprechen könnte, wird systematisch relativiert, ignoriert, verharmlost und umgedeutet. Wer diese Erzählung in Frage stellt, wird als Hetzer, Hasser und Nestbeschmutzer an den gesellschaftlichen Rand gedrängt. Das Mainstream-TV, vor allem das öffentlich-rechtliche, dient als Bühne, um solche „Staatsfeinde" und Gedankenverbrecher vorzuführen und an den Pranger zu stellen. Bestrafe einen, erziehe hundert.

Der Jahreswechsel 2015/16 ist noch in guter Erinnerung, als in Köln sogenannte Nafris, nordafrikanische Armutsmigranten auf der Kölner Domplatte Hunderte Frauen sexuell belästigt und deren männliche Begleitung gedemütigt haben. Am nächsten Morgen log die Kölner Polizei in einer Presseaussendung: „Ausgelassene Stimmung. Feiern weitgehend friedlich".[24] Behörden, Politiker und Mainstream-Medien versuchten gemeinsam diese massenhaften Übergriffe zu vertuschen. Erst als es aufgrund des Drucks durch die sozialen Medien nicht mehr anders ging, gab man zu, was ohnehin über Blogs, Foren und Facebook schon bekannt geworden war. Und selbst danach suchten die Multikulti-Apologeten verzweifelt das Offensichtliche und ihr Versagen zu

[24] Siehe Reichel 2018, Seite 377

leugnen. So mutmaßte etwa der Tagesspiegel, dass viele der sexuellen Übergriffe nur von rassistischen deutschen Frauen erfunden worden seien.[25] Das ist kein Scherz.

Köln ist nur ein Beispiel, wie die linken Kräfte in Deutschland oder Österreich mit Entwicklungen, die durch den massenhaften Zuzug aus dem islamischen Raum und Afrika angestoßen wurden, umgehen. Deshalb stellt sich für jene, die sich via Mainstream-Medien informieren und ihnen vertrauen, die Lage noch relativ stabil dar, sofern sie in guten Wohngegenden leben, einen guten und sicheren Job haben und ihre Kinder, so vorhanden, in Privatschulen stecken. Doch hinter den Kulissen des politisch korrekten Potemkinschen Dorfes, außerhalb der linken Bobo-Blasen, löst sich die rechtsstaatliche Ordnung zusehends auf.

Dank kreativ gestalteter und frisierter Kriminalstatistiken vermelden die politischen Verantwortungsträger über ihre medialen Sprachrohre, die Kriminalität gehe zurück. Weil aber der öffentliche Raum für Normalbürger immer gefährlicher wird, die großen Medien die täglichen Messerstechereien, Attacken, Vergewaltigungen und Morde nicht ganz aus ihrer Berichterstattung verbannen können und der angebliche Rückgang der Kriminalität im krassen Widerspruch zu den Alltagserfahrungen der Menschen steht, sprechen sogenannte Experten, sprich politisch korrekte Herolde, gerne von einer gefühlten, also von einer eingebildeten Unsicherheit, von einem Unsicherheitsgefühl. Man belügt die Menschen nicht nur, man unterstellt ihnen obendrein

[25] Die beiden Journalistinnen Dagmar Dehmer und Andrea Dernbach im Tagesspiegel am 10.1.2016: „Womöglich sind aber auch Frauen dabei, die gar nicht Opfer geworden sind, sondern aus politischer Überzeugung der Meinung waren, dass die Täter mit Migrationshintergrund oder die Flüchtlinge, die das Chaos auf der Domplatte für sexuelle Übergriffe ausgenutzt haben, abgeschoben gehören. Das hofften sie womöglich, mit einer Anzeige zu beschleunigen." Zitiert nach Reichel 2018, Seite 395

diverse Phobien, sprich Geisteskrankheiten.

Dass die Schwerverbrechen, also Morde, Sexualdelikte und Raubüberfälle dramatisch zunehmen, ist selbstredend nicht gefühlt, sondern real. Schon 2018 schrieb die Bild-Zeitung von einer „grassierenden Messerepidemie". Die Übertreibung eines Boulevardblattes? Wohl kaum.

Im ersten Halbjahr 2019 registrierte die Polizei in Nordrhein-Westfahlen 3.563 Angriffe mit Messern.[26] 3.563, in einem Bundesland, in sechs Monaten! Solche beunruhigenden Zahlen schaffen es selten bis nie in die öffentlich-rechtlichen oder überregionalen linken Medien. Sie berichten, wenn überhaupt, nur über „Einzelfälle", die nichts miteinander und schon gar nichts mit der Masseneinwanderung aus vormodernen Gesellschaften zu tun haben. Während sich dank massenmedialer Desinformation und Klimapropaganda die Menschen vor CO_2 und Klimaschwankungen ängstigen, herrscht in Deutschland längst eine Art Vorbürgerkrieg. Der nur deshalb nicht die öffentlichen Debatten und die Politik beherrscht, weil er von den Verantwortungsträgern und deren Helfershelfern verschwiegen wird, wie in Köln 2015. Nicht anders in Österreich, in keinem anderen EU-Land werden so viele Frauen ermordet oder getötet[27] Obwohl die Faktenlage eindeutig ist: Die Hälfte der Frauenmörder sind ausländische Staatsbürger[28], bei 16 Prozent Ausländeranteil an der Gesamtbevölkerung. Wie viele der anderen Täter Migrationshintergrund haben, wird von den offiziellen Stellen – aus gutem

[26] https://www.bild.de/regional/duesseldorf/duesseldorf-regional-politik-und-wirtschaft/neue-details-zu-den-3563-messer-angriffen-im-ersten-halbjahr-2019-65126500.bild.html
[27] https://www.oe24.at/oesterreich/chronik/Oesterreich-ist-Land-der-Frauen-Morde/407911664
[28] https://www.oe24.at/oesterreich/chronik/Oesterreich-ist-Land-der-Frauen-Morde/407911664

Grund – verschwiegen. Zudem versuchen die Verantwortungsträger und Anhänger der Willkommenskultur falsche Fährten zu
legen. Es handle sich um ein generelles Männerproblem, der kulturelle oder religiöse Kontext spiele keine Rolle oder die Morde
wären fast immer Beziehungstaten, sind nur einige der Versuche,
von den wahren Ursachen abzulenken.

Deutschland, Österreich und die anderen EU-Länder entwickeln sich auch in diesem Bereich mit atemberaubendem Tem-
po in ein typisches Entwicklungsland. Ein besonders drastisches
Anschauungsbeispiel ist Schweden. Noch vor wenigen Jahren as-
soziierte man mit dem skandinavischen Land Sozialstaat, Sicherheit, Frauenrechte, Pippi Langstumpf und Lebensqualität. Das ist
vorbei. Aus Schweden, das wie kein anderes Land für Stabilität,
soziale Gerechtigkeit und innere Sicherheit stand, ist in nur wenigen Jahren ein, um es mit den Worten von Donald Trump zu
sagen, Shithole geworden.

Die rot-grüne Regierung hat den Multikulturalismus zur
Staatsdoktrin erhoben und Hunderttausende Menschen aus
dem islamischen Raum in das Zehn-Millionen-Einwohner-Land
einwandern lassen. Allein 2015 waren es über 160.000. Die rot-
grüne Regierung wollte Schweden zu einer „humanitären Groß-
macht"[29] machen. Die liegt nun in Trümmern. Die Folgen des
schwedischen Willkommenswahns sind katastrophal und vor
allem irreversibel. Schweden wird in wenigen Jahren kaum noch
von einem Dritte-Welt-Staat zu unterscheiden sein, außer, dass es
im Winter schneit.

---

[29] https://www.heise.de/tp/features/Schweden-Gewaltkriminalitaet-gefaehrdet-rotgruene-Regierung-
4587681.html

Man hat Prozesse und Entwicklungen in Gang gesetzt, die Staat und Politik nicht mehr steuern können, die völlig aus dem Ruder gelaufen sind. All das ist sehr schnell gegangen. Die Vergewaltigungszahlen schnellten in die Höhe, Frauen können sich nur noch örtlich und zeitlich eingeschränkt halbwegs sicher und frei bewegen, schwedische Kinder aus guten Wohngegenden werden von jugendlichen Migrantenbanden ausgeraubt und bedroht. Anfänglich – und zum Teil noch bis heute – versuchten schwedische Politiker, Behörden und Medien diese Entwicklungen zu verheimlichen oder umzudeuten. So musste etwa die schwedische Polizei 2016 zugeben, dass sie sexuelle Übergriffe auf Frauen bei Open-Air-Konzerten systematisch vertuscht hatte[30]. Man hielt Informationen zurück und ließ so viele junge Mädchen in ihr Verderben laufen. Die kranke Multikulti-Ideologie steht über allem, selbst über dem Wohl und der Sicherheit der schwedischen Kinder.

Mittlerweile ist die Situation in Schweden dermaßen eskaliert, dass es Behörden, Politik und Medien nicht mehr gelingt, die Lage zu beschönigen. Die Bandenkriege in Stadtvierteln von Stockholm, Göteborg oder Malmö beschäftigen mittlerweile die Medien weltweit. Selbst die linksliberale österreichische Tageszeitung „Der Standard" schreibt: „Kaum ein Tag vergeht ohne Meldungen von Schusswechseln oder Sprengstoffanschlägen."[31] Immer öfter werden schwedische Kinder und Jugendliche Opfer der importierten Kriminalität.[32] Die Nachbarländer sind alar-

---

[30] https://www.spiegel.de/panorama/justiz/schweden-polizei-vertuschte-sexuelle-uebergriffe-a-1071528.html
[31] https://www.derstandard.at/story/2000110753265/schweden-sprengstoffanschlaege-und-schiessereien-schon-fast-alltaeglich
[32] https://www.derstandard.at/story/2000110753265/schweden-sprengstoffanschlaege-und-schiessereien-schon-fast-alltaeglich

miert, in Norwegen gilt Schweden bereits als Failed State, Dänemark hat aus Angst vor „schwedischen Zuständen" wieder Grenzkontrollen eingeführt.

Trotz der dramatischen Lage versucht die rot-grüne Regierung jeden Zusammenhang zwischen der Kriminalitätsexplosion und der Massenzuwanderung zu leugnen. Morgan Johansson, roter Justiz- und Migrationsminister, bezeichnete die bürgerlich-rechten Oppositionsparteien, die ihm angesichts seines Versagens das Misstrauen aussprachen, als „Hetzer und Populisten".[33] Realitätsverweigerung bis zum bitteren Ende. Erst jetzt, wo es längst zu spät ist, erkennen immer mehr Schweden, dass die linke Regierung das Problem, nicht die Lösung ist, zu einem Zeitpunkt, wo es – ganz offiziell – 60 No-Go-Areas[34] gibt, also Gebiete, in denen der schwedische Staat nicht mehr in der Lage ist, die Ordnung ganz oder teilweise aufrecht zu erhalten.

Zu einem Zeitpunkt, da die Folgekosten der Masseneinwanderung den schwedischen Sozialstaat auffressen. Die Neue Zürcher Zeitung: „Mancherorts ist angesichts der Finanzlage von Reduktionen des Leistungsangebots die Rede, etwa im Schulwesen oder bei der Altersfürsorge. Betroffen sind im letzteren Fall nicht selten Personen, die am ‚Volksheim' tatkräftig mitgebaut haben und nun um ihre unverrückbar geglaubten Sicherheiten bangen müssen."[35]

Diese Entwicklungen sind kaum noch zu stoppen oder gar

[33] https://www.heise.de/tp/features/Schweden-Gewaltkriminalitaet-gefaehrdet-rotgruene-Regierung-4587681.html
[34] https://www.epochtimes.de/politik/europa/trotz-proteste-schwedens-polizei-veroeffentlicht-bericht-ueber-no-go-areas-a2907935.html
[35] https://www.nzz.ch/international/schweden-sozialdemokraten-werden-schwaecher-ld.1524484?mktcid=smsh&mktcval=Facebook&fbclid=IwAR2mLewqQxgI6471xff1MmjYJwsoaCgd4RgznMwnFTh_3PBtL1UaY79JXGc

umzukehren. Die Abwärtsspirale dreht sich weiter. Dank der unterschiedlichen Geburtenrate wird sich die Situation immer weiter verschärfen, in Schweden und den anderen westlichen EU-Staaten. Zumal die Regierungen, ein Großteil der Parteien, die Intelligenzija und die sogenannte Zivilgesellschaft diese Entwicklungen weiter befeuern. Man ist weder willens noch in der Lage umzudenken und die Notbremse zu ziehen. Was die linken Polit-Lemminge antreibt, ist eine ungesunde Mischung aus kulturellem Selbsthass, Infantilismus, Verehrung des Fremden, vorauseilender Gehorsam, Unterwerfung und eine pervertierte Moral. Das postheroische Europa hat den zugewanderten, robusteren, machtbewussteren und vitaleren Gesellschaften nichts entgegenzusetzen. Die Europäer verachten vielmehr alle westlichen Politiker, wie etwa Donald Trump oder Benjamin Netanjahu, die noch bereit sind, für westliche Werte einzustehen und zu kämpfen.

Wohin die Reise geht, lässt sich auch am Beispiel Frankreich gut erkennen. Hier gehören brennende Autos, Unruhen in den Banlieues und Massenproteste zum Alltag. So wie auch in Schweden ist der Sozialstaat nicht mehr finanzierbar. Das ist eine der Hauptursachen für die Gelbwesten-Proteste und andere Massendemonstrationen gegen die Politik von Emmanuel Macron. Doch die französische Bevölkerung wird sich darauf einstellen müssen, dass dank der offenen Sozialsysteme immer mehr Mäuler gestopft werden müssen und die marode französische Wirtschaft schon lange nicht mehr in der Lage ist, das Wohlstandsniveau aufrecht zu erhalten und den ausufernden Sozialstaat zu finanzieren. Frankreich ist mit 2.380 Milliarden Euro verschuldet. Tendenz steigend.

Auch Großbritannien wandelt sich. Die Briten und mit ihnen der westliche Lebensstil verlieren an Bedeutung und Einfluss. In immer mehr Wahlkreisen, Stadtteilen und Städten, von Sheffield bis London, regieren muslimische Politiker. Je mehr sich die demographischen Verhältnisse ändern, desto islamischer wird Großbritannien, zumal für die meisten nichtautochthonen Briten Familie, Klan, Herkunft und Religion wichtigere Bezugs- und Orientierungspunkte als der britische Staat und die westlichen Werte sind. „Minority inclusion – even if undertaken on the basis of shortterm strategic considerations – can therefore have broad, meaningful and long-lasting impacts on society and democracy"[36], schreibt Rafaela Dancygier, die solche Transformationsprozesse untersucht hat.

So wie Schweden, ist auch der britische Staat nicht mehr willens oder in der Lage seine Gesetze zu exekutieren. Beispiel Rotherham. In der 100.000-Einwohner-Stadt haben pakistanische Banden über Jahre ungestört und mit Wissen der Labour-Stadtregierung, der Polizei und der Sozialstellen britische Unterschicht-Mädchen vergewaltigt, bedroht, missbraucht und zur Prostitution gezwungen[37]. Sie unternahmen nichts, aus Angst, man könnte ihnen Rassismus unterstellen. Was in erschreckender Weise demonstriert, wo die Prioritäten von Politik und Behörden mittlerweile liegen. Die rund 1.400 gequälten, traumatisierten und missbrauchten weißen Opfer nahm man schulterzuckend in Kauf, nur damit die Multikulti-Weste und das moralische Image keine Flecken bekommen. All das geschah mitten in Großbritannien.

[36] Siehe Dancygier, Rafaela: Dilemmas of Inclusion – Muslims in European Politics, Princeton 2017, Seite 171
[37] https://www.diepresse.com/4657077/die-schande-von-rotherham

Auch in Deutschland sind Polizei und Justiz immer weniger in der Lage, die Gesetze flächendeckend durchzusetzen. Der Rechtsstaat zieht sich aus dem öffentlichen Raum zurück und akzeptiert Parallelgesellschaften mit ihren eigenen Regeln und Konfliktlösungsstrategien. In einigen Bereichen hat der Staat längst kapituliert, auch wenn das die politisch Verantwortlichen stets zurückweisen. Die Rheinische Post schreibt 2017: „In NRW werden ganze Stadtviertel von Clans beherrscht, Bürger trauen sich dort kaum noch hin. Der Polizei bereiten diese ‚No-Go-Areas' Sorgen. Doch Innenminister Jäger bestreitet, dass es sich um rechtsfreie Räume handelt."[38]

Die Behörden setzen nur noch, wo sie dazu in der Lage sind, Recht und Ordnung durch, dort aber mit aller Härte. Man kompensiert seinen Macht- und Kontrollverlust mit Überreaktion bei der autochthonen Bevölkerung. Während es für bestimmte Tätergruppen bei der Justiz de facto einen sogenannten Migrantenbonus gibt, werden die autochthonen Täter selbst bei leichten Vergehen mit aller Härte bestraft. So musste 2019 eine deutsche Mindestrentnerin, die im Rollstuhl sitzt, für vier Monate ins Gefängnis, weil sie in einem Laden Sahnesteif und Haarklammern im Wert von 18 Euro gestohlen hatte[39]. Auf der anderen Seite kamen jene Täter, die einen 17-jährigen deutschen Schüler zu Tode geprügelt hatten, straffrei davon: „Prügeltod von Niklas: Ermittlungen ohne Ergebnis eingestellt"[40], titelte der Focus. Und das, obwohl viele Personen die Täter, eine sogenannte Männergruppe,

[38] https://rp-online.de/nrw/landespolitik/natuerlich-gibt-es-no-go-areas-in-nrw_aid-18897379
[39] https://www.spiegel.de/panorama/justiz/memmingen-ladendiebstahl-prozess-gegen-85-jaehrige-rentnerin-gestartet-a-1262011.html
[40] https://www.focus.de/panorama/welt/weil-alle-schweigen-pruegeltod-von-niklas-ermittlungen-ohneergebnis-eingestellt_id_10668327.html

kennen. Das sind keine Einzelfälle, sondern nur zwei von unzähligen Beispielen, die belegen, dass die Gleichheit vor dem Gesetz längst nicht mehr existiert.

Der deutsche Rechtsstaat hat vielerorts kapituliert, weil sich die realen Machtverhältnisse verschoben haben. Die arabischen Klans übernehmen die Macht: „Beamte werden nach Hause verfolgt, vor ihren Wohnungen tauchen plötzlich Clan-Mitglieder auf. Das Ziel: Polizisten, die in der Clan-Kriminalität eingesetzt werden, gezielt einzuschüchtern.", schreibt die Osnabrücker Zeitung 2019. Das ist kein neues Phänomen, bereits 2013 sagte die Präsidentin des Oberlandesgerichts Bremen der Wochenzeitung Die Zeit: „Wenn schon ein Richter Angst hat, wie wirkt sich das erst auf einen Bürger aus, der eine Aussage machen soll?"[41] Es darf niemanden verwundern, dass gegen solche Täter auffallend milde Urteile gefällt werden. Oftmals kommt es nicht einmal zu Gerichtsverhandlungen: „Chef des Al-Zein-Clans kam um Prozess herum, weil Richter Randale im Saal fürchtete"[42], so der Focus im Frühjahr 2019. Bananenrepublik Deutschland, Rechtssicherheit war einmal.

Dass die Berliner Polizei von kriminellen Klans unterwandert wurde[43], ist seit Jahren bekannt, hat aber in der rot-rot-grünen Stadtregierung noch keine politischen Reaktionen hervorgerufen. Im Gegenteil. Berliner Politiker kritisieren den Begriff „Klan-Kriminalität". Er sei diskriminierend[44]. „Ganze Familien zu Kri-

---

[41] http://www.allesroger.at/artikel/kriminelle-clans-gegen-den-staat
[42] https://www.focus.de/politik/deutschland/jung-gewaltta-tig-skrupellos-al-zein-clan_id_10508319.html
[43] https://www.focus.de/politik/deutschland/bundeshauptstadt-ex-polizeidirektor-verstrickung-arabischer-clans-mit-berliner-polizei-lange-bekannt_id_7801042.html
[44] https://www.morgenpost.de/berlin/article227521569/Clans-in-Berlin-Linke-haelt-Begriff-Clan-Kriminalitaet-fuer-stigmatisierend.html

minellen zu erklären, ist stigmatisierend", so der Linken-Politiker Niklas Schrader. Während die Parteien darüber diskutieren, ob die Bezeichnung Klan-Kriminalität diskriminierend ist, haben arabische Großfamilien Teile des Landes übernommen, ganze Stadtviertel unter ihre Kontrolle gebracht. Beispiel Miri-Clan: Über 3.500 Mitglieder hat diese kurdisch-libanesische Großfamilie. Seit 2010 wurden über 1.300 Verfahren gegen den Klan geführt, unter anderem wegen Körperverletzung, Raub, Drogen- und Waffenhandel.[45]

Der Rechtsstaat sei „in weiten Teilen nicht mehr funktionsfähig", schlägt Oberstaatsanwalt Ralph Knispel Alarm und ergänzt: „Die lachen uns aus, die lachen die Justiz aus"[46]. Über diese beunruhigenden Entwicklungen berichten die Mainstream-Medien knapp, verharmlosend und mit großer Zurückhaltung, während man die Gefahr von rechts ins Unermessliche aufbauscht. Auch das nur eine Ablenkungsstrategie der politischen Verwalter des Niedergangs.

Europäische Staaten sind mit den ins Land geholten Klans, und dabei geht es nicht nur um kriminelle Großfamilien, überfordert. Die dank der Massenzuwanderung aus vormodernen Gesellschaften entstandenen tribalen, archaischen Strukturen sind eine kaum zu bewältigende Herausforderung für einen modernen Rechtsstaat europäischer Prägung. Nicht dem Staat, seinen Vertretern und Organen gilt die Loyalität dieser Menschen, nicht seine Verfassung und Gesetze stehen an oberster Stelle, sondern die Familie, der Klan, der Stamm, die Volksgruppe, die Religion, die

[45] http://www.allesroger.at/artikel/kriminelle-clans-gegen-den-staat
[46] https://www.focus.de/kultur/kino_tv/focus-fernsehclub/tv-kolumne-markus-lanz-staatsanwalt-rechts-staat-in-weiten-teilen-nicht-mehr-funktionsfaehig_id_10892749. E

Traditionen und Regeln der eigenen Gruppe. Viele Studien untermauern das, zuletzt eine repräsentative Umfrage unter jungen Wiener Muslimen, durchgeführt vom Österreichischen Integrationsfonds und vom SORA-Institut. Die Ergebnisse, ausgewertet nach der Herkunft der Muslime, zeigen deutlich, wohin sich die europäischen Staaten mit ihrer stetig wachsenden muslimischen Bevölkerung entwickeln. Nur 84 Prozent der jungen Tschetschenen respektieren den österreichischen Staat und seine Gesetze. Für 55 Prozent der Afghanen steht die Religion über dem Gesetz. 72 Prozent der Afghanen sehnen sich nach einem starken Mann, der das Land anführt. 68 Prozent der jungen in Wien lebenden Afghanen, 41 Prozent der Syrer und 39 Prozent der Türken sind der Meinung: „Juden sind der Feind aller Muslime". Und über 50 Prozent der jungen Afghanen sind der Meinung, dass man zuschlagen soll, wenn die Ehre oder die Religion beleidigt werden.[47]

Vor allem die Frauen, die Hauptträger der europäischen Willkommenskultur, sind die Leidtragen dieser Entwicklung. Sind der Staat und seine Institutionen nicht mehr in der Lage für die Sicherheit aller Bürger zu sorgen, müssen sich diese um Alternativen, um neue Beschützer umsehen. Die findet man am ehesten im familiären Umfeld, in tribalen Strukturen und Verbänden, über die autochthone Frauen in unserer atomisierten Gesellschaft mit Single-Haushalten, alleinerziehenden Müttern, Ein-Kind- und Patchwork-Familien aber nicht mehr verfügen, außer sie ordnen sich durch Heirat und Konvertierung diesen neuen Machtstrukturen unter. Was bei einer weiteren Erosion der staat-

[47] „Junge Menschen mit muslimischer Prägung in Wien - Zugehörigkeiten, Einstellungen und Abwertungen", Wien 2019: Download unter: https://www.integrationsfonds.at/mediathek/mediathek-publikationen/publikation/forschungsbericht-junge-menschen-mit-muslimischer-praegung-in-wien-213

lichen Ordnung und bei gleichzeitiger Verbreitung des Tribalismus auch vermehrt geschehen wird, zumal es sich dabei um kein neues Phänomen handelt. Mit der Gleichberechtigung der Frau ist es damit allerdings vorbei. Es ist ein Rückschritt nicht um Jahrzehnte, sondern um Jahrhunderte. Auch hier entwickelt sich Europa zurück in ein vormodernes Entwicklungsland.

Es gibt keine gemeinsame Grundlage mehr, nichts Verbindendes. „Jeder ist ein Deutscher, der auf dem deutschen Gebiet wohnt"[48], hat es die Leiterin des Deutschen Zentrums für Integrations- und Migrationsforschung, Naika Foroutan, auf den Punkt gebracht. Kultur, Sprache und Tradition haben nur einen Wert, wenn ihr Ursprung außereuropäisch ist. Da ist es nur konsequent, wenn die SPD-nahe Friedrich-Ebert-Stiftung Deutschland in eine „transformatorische Siedlungsregion in der Mitte Europas"[49] umbauen möchte.

Dieser Umbau Deutschlands zu einer grenzenlosen, transformatorischen Menschen-Ansiedlung ist gut vorangekommen. Der Nationalstaat als Träger von Demokratie und Recht ist in Verruf geraten, der Respekt vor staatlichen Institutionen entsprechend gesunken und nicht mehr allgemein verbindlich. Für immer mehr (neue) Bevölkerungsgruppen haben deutsche Gesetze, Regeln, Lebensweisen kaum noch Bedeutung, zumal der schwache Staat sie ohnehin nicht mehr durchzusetzen in der Lage ist. Der Philosoph Peter Sloterdijk sprach 2016 von einem „Akt des Souveränitätsverzichts", einer Abdankung, die Tag und Nacht weitergehe.[50]

[48] https://www.zeit.de/2015/44/integration-deutschland-leitbild-fluechtlinge-solidaritaet
[49] https://www.cicero.de/innenpolitik/leitbild-der-friedrichebertstiftung-der-umbau-von-deutschland
[50] https://www.cicero.de/innenpolitik/peter-sloterdijk-ueber-merkel-und-die-fluechtlingskrise-es-gibt-keine-moralische

Für immer mehr Menschen stehen religiöse Gebote über dem Gesetz, für immer mehr Menschen sind die eigenen Traditionen und Regeln wichtiger als das Gesetzbuch, und der Staat und seine Vertreter stehen dieser Entwicklung gleichgültig bzw. ohnmächtig gegenüber. Immer mehr Bürger haben stärkere Bindungen zu Familie, Volksgruppe, Religion als zur Nation, die sie oder ihre Eltern aus „humanitären" Gründen aufgenommen hat und in vielen Fällen auch dauerhaft deren Lebensunterhalt finanziert.

In ganz Europa entstehen Parallel- und Gegengesellschaften mit ihren eigenen Gesetzen und Regeln. Bereits 2012 schreibt die Welt: „Längst hat islamisches Recht auch an deutschen Gerichten Einzug erhalten."[51] Und wie mittlerweile mehrere repräsentative Befragungen und Studien belegen, steht für eine große Zahl von Muslimen die Scharia über den Gesetzen des jeweiligen EU-Landes. Die Trennung von Staat und Religion war einmal, der Gottesstaat wird in Europa dank Massenzuwanderung wieder en vogue.

Von den Mainstream-Medien werden all diese Entwicklungen geleugnet, die Gefahr des politischen Islams auf den Terrorismus reduziert, der aber, trotz seiner vielen Opfer, nur ein Nebenaspekt der Islamisierung ist. Dabei stehen wir erst am Anfang dieser Entwicklungen. Der Willkommensherbst liegt noch keine fünf Jahre zurück. Was hier kurz angerissen und beschrieben wurde, ist nur eine Momentaufnahme eines im Niedergang oder – wenn man möchte – in einer Transformation befindlichen Kontinents. Die Lage wird sich weiter verschlimmern, weil die verantwortlichen Politiker kein Problembewusstsein entwickelt haben, zumal diese

[51] https://www.welt.de/politik/deutschland/article13845521/Scharia-haelt-Einzug-in-deutsche-Gerichtssaele.html

Prozesse von vielen gewollt und geplant sind, weil jene, die sie kritisieren verfolgt und marginalisiert werden, und demographische Entwicklungen unerbittlich sind. Das postheroische Europa steuert seinem wenig heroischen Untergang entgegen.

Obwohl es keine offiziellen Zahlen und zumeist nur äußerst defensive Schätzungen gibt, nehmen alle Experten an, dass die Zahl der Muslime in Europa rasant ansteigen wird. Was sich ohnehin nicht abstreiten lässt angesichts der Zahlen in den jungen Alterskohorten. Die hier beschriebenen Prozesse und Entwicklungen stehen in direktem Zusammenhang mit dem demographischen Wandel, der durch eine restriktive Zuwanderungspolitik gebremst und durch eine linke Open-Border-Politik beschleunigt wird. So oder so, diese Transformationsprozesse sind irreversibel. Und ein Umdenken bei den Entscheidungs- und Verantwortungsträgern zeichnet sich ohnehin nicht ab.

Aus der Migrationswelle von 2015 und ihren Folgen haben Brüssel, Berlin, Wien oder Paris keinerlei Lehren gezogen, sieht man davon ab, all jene zu attackieren und zu verfolgen, die diese suizidale Politik anprangern. Die EU-Außengrenzen sind, sieht man von Osteuropa ab, noch immer offen wie ein Scheunentor. Europa ist einer neuen Einwanderungswelle hilflos ausgeliefert. Zu einer No-Way-Politik, wie sie Australien erfolgreich umsetzt, ist Europa politisch, mental, technisch und organisatorisch nicht mehr in der Lage. Die grünen Multikulti-Fundamentalisten wollen ohnehin nicht darauf warten, bis die nächste Migrationswelle über Europa schwappt. So fordert Grünen-Chef Robert Ha-

---

[52] https://www.focus.de/politik/deutschland/widerspruch-aus-anderen-parteien-fluechtlinge-aus-griechenland-holen-nun-hagelt-es-kritik-an-habecks-vorschlag_id_11487833.html

beck „Tausende Migranten aus den griechischen Lagern nach Deutschland zu bringen."[52] NGO-Schlepperbanden, die Migranten von der afrikanischen Küste nach Europa schippern, werden in Gutmenschenkreisen gar als Volkshelden verehrt.

Auch wenn diese linken Gruppierungen in absehbarer Zeit von den politischen Bühnen verschwinden werden, weil die autochthone Bevölkerung nach rechts rückt und sich die Neubürger aus dem islamischen Raum politisch selbst organisieren, Europa wird sich Jahr für Jahr den islamischen Ländern vor unserer Haustüre angleichen.

Noch kann die linke politmediale Klasse das Schlimmste verdecken, den Schein wahren, sich mit Propaganda, Desinformation, Indoktrination, Billig-Geld, Negativzinsen und Klimahysterie etwas Zeit verschaffen. Das sind Maßnahmen, um den Niedergang zu verlangsamen und zu verwalten, die Bürger so lange ruhigzustellen, bis sie vor vollendeten Tatsachen stehen. Salamitaktik. Befragt wurden die Bürger – der Demokratie zum Hohn – zu all diesen epochalen Weichenstellungen nicht. Ob Grenzöffnung, Gender Mainstreaming, Energiewende, Negativzinsen oder das kommende Bargeldverbot. All das wurde und wird als „alternativlos" vorbei an demokratischen Abläufen und Institutionen durchgedrückt. Jean Claude Juncker, ehemaliger EU-Kommissionspräsident, brachte diese postdemokratische Politik mit zwei Zitaten auf den Punkt: „Wir beschließen etwas, stellen das dann in den Raum und warten einige Zeit ab, ob was passiert. Wenn es dann kein großes Geschrei gibt und keine Aufstände, weil die

[53] https://www.diepresse.com/1335097/junckers-beste-sager-wenn-es-ernst-wird-muss-man-lugen#slide-2
[54] https://www.diepresse.com/1335097/junckers-beste-sager-wenn-es-ernst-wird-muss-man-lugen#slide-2

meisten gar nicht begreifen, was da beschlossen wurde, dann machen wir weiter."[53] Und: „Wenn es ernst wird, muss man lügen"[54]

Europa ist geopolitisch, wirtschaftlich, technologisch, kulturell und militärisch aus dem globalen Rennen. Der alte, müde Kontinent, der noch im 19. Jahrhundert die Welt beherrschte und für fast alle großen Errungenschaften der Neuzeit verantwortlich ist, hat sich aufgegeben.

Das Zentrum der Macht und der Weltpolitik ist nach Osten gewandert, Europa degeneriert zu einem unbedeutenden Anhängsel am westlichen Rand Asiens, zu einer islamischen oder im besten Fall zu einer chinesischen Kolonie. In nur wenigen Jahrzehnten haben die Europäer ohne Not zerstört, was sie einst groß gemacht hat. Diejenigen, die wir in großer Zahl aufgenommen, „gerettet" haben, werden es uns nicht danken.

Jetzt bekommen wir die Rechnung. Demokratie und Rechtsstaat sind ausgehöhlt, das Zeitalter der Aufklärung geht zu Ende, die klugen Köpfe und Leistungsträger sind abgewandert, der Fortschritt findet anderswo statt. 2030 wird Europa auf dem Weg zu einer Dritte-Welt-Region schon einen großen Schritt weiter sein.

Andreas Unterberger

„Glaub an dich, Europa!" – die Utopie, für die sich zu kämpfen lohnt

Eigentlich könnte alles ja wirklich so kommen. Eigentlich könnte Europas Zukunft eine wirklich strahlende werden. Das ist trotz aller bedrohlichen Prophezeiungen keineswegs eine absurde Utopie. Hat sich doch der Kontinent schon oft in der Geschichte aus sehr dunklen Zeiten in einen hellen Aufschwung hinauf entwickelt.

Einige kurze Schlaglichter auf Europas Vergangenheit können da durchaus Mut machen:

▸ Vor rund 45.000 Jahren ist der moderne Mensch aus Ostafrika ins kalte, nur von Neandertalern bewohnte Europa aufgebrochen, um dort zu bleiben – und hat dieses in einen wunderbaren Erdteil verwandelt.

▸ Bis rund 1000 vor Christi Geburt waren Kultur und Schrift praktisch nur außerhalb Europas daheim: insbesondere in weit entfernten Regionen wie China, und in den Gebieten des Nahen Ostens.

▸ Rund tausend Jahre vor Christus begann die epochale griechische Kulturexplosion ins noch immer sehr dunkle Europa hinein. Schrift, Philosophie, Mathematik, Literatur, Demokratie und vieles andere ist damals entstanden und bildet bis heute zusammen mit dem aus dem Judentum hervorgegangenen Christentum die geistige Grundlage für einen phänomenalen Aufstieg des Kontinents.

▸ Es dauerte aber noch viele Jahrhunderte nach Christus, bis sich die inzwischen stark christlich geprägte Kultur vom Mittelmeerraum über den ganzen Kontinent erstrecken konnte.

▸ Der jahrhundertelange Rückschlag durch Völkerwanderung und die Vorstöße wilder Reiterstämme aus dem Osten wurde erst ab 800 durch die historisch gewaltige Leistung des tausend Jahre währenden deutsch-römischen Reiches, aber auch anderer großer europäischer Kulturen und Nationen etwa in Frankreich, Spanien und England überwunden. Alle diese Reiche und Kulturen waren ganz stark christlich geprägt. (Kleine Anmerkung für Klimapaniker: Dieser Aufschwung erreichte in den Warmperioden des Mittelalters besondere Höhepunkte.)

▸ Dazwischen gab es aber immer wieder schwere Rückschläge, etwa durch Wikinger- und Normannen-Vorstöße, etwa durch die brutalen Streifzüge nordafrikanischer Sklavenjäger im Süden Italiens, etwa durch die innereuropäischen Glaubenskriege, durch die türkisch-islamischen Vorstöße bis nach Mitteleuropa und insbesondere durch den Dreißigjährigen Krieg, dessen Opferzahlen und großflächiges Elend ihn zur wohl überhaupt schlimmsten Katastrophe der europäischen Geschichte machen (Die Jahrzehnte dieses Krieges waren übrigens klimageschichtlich eine Kaltperiode).

▸ Darauf gab es erneut eine gewaltige Aufschwungsphase Europas mit schweren, aber relativ kurzen Rückschlägen durch die Erbfolge- und die Napoleonischen Kriege. Erstmals strahlte Europa auf die ganze Welt aus, was in sehr einseitiger Sicht heute nur noch negativ verkürzt als „Kolonialismus" verdammt wird. Diese Epoche war getragen von Wissenschaft, Aufklärung, Schulbildung,

Verrechtlichung, Industrialisierung, Globalisierung, technischen Fortschritt, Marktwirtschaft und der Überzeugung von einer Notwendigkeit nationaler Stärke.

▸ Diese Phase zerschellte dann im zweiten dreißigjährigen Krieg von 1914 bis 1945, den ersten echten Weltkriegen der Geschichte samt den millionenfachen Massenmorden durch die barbarisch-totalitären Ideologien Nationalsozialismus und Kommunismus.

▸ Nach 1945 durften die Europäer dann wieder über eine lange Aufstiegs-Periode jubeln. Sie brachte den vielleicht steilsten Aufstieg der Geschichte, gekennzeichnet etwa durch eine steile Zunahme von Lebenserwartung, Gesundheit, Bildung, Wohlstand und sonstiger Lebensqualität, durch das weitgehende Fehlen von bewaffneten Konflikten und einer zumindest anfangs sehr großen individuellen Freiheit.

▸ Dieser Aufschwung blieb nach Ende der Ost-West-Konfrontation in einer Art Wohlstandsverfettung stecken. Europa war nicht einmal mehr imstande, seine legitimsten Interessen zu wahren. Stattdessen wurde es fieberkrank von meist absurden Panikattacken geschüttelt. Etwa wegen eines prophezeiten Waldsterbens, etwa wegen der angeblichen Gefahren atomarer Energiegewinnung, etwa, weil in Kürze das Erdöl ausgehen würde, etwa wegen eines angeblichen globalen Klimatodes.

Diese Stichwörter sollen keine umfassende historische Abhandlung sein. Sie sollen nur eines zeigen: Die Geschichte entwickelt sich immer in Wellen. Es gibt steile Aufwärts- wie Abwärtsentwicklungen. Aber doch brachte jede neue Aufwärtsbewegung Europa weiter voran als frühere.

Es ist absoluter Unsinn, Entwicklungslinien aus der Vergangenheit linear nach oben oder unten in die Zukunft fortzusetzen, genauso wie es unsinnig wäre zu glauben, die Geschichte würde sich in gleichmäßigen Wellenbewegungen mit mathematisch berechenbaren Abständen fortbewegen. Die Zukunft ist offen. Sie kann nach oben gehen, aber auch in rückwärtsgewandter Eitelkeit versanden – wie es etwa den Griechen passiert ist. Sie scheinen seit 2.000 Jahren immer nur daran zu denken, wie toll sie doch einst waren. Sie werden von der Last ihrer großen Vergangenheit schier erdrückt.

Es liegt an uns Europäern, diese Zukunft positiv zu gestalten, das Europa unserer Nachfahren zu einer erfreulichen Utopie zu verwandeln. Das kann freilich nur gelingen, wenn sich die Europäer aller wirklichen Bedrohungen und Gefahren der Gegenwart bewusst werden und sich ihnen entschlossen und mit der gleichen Energie stellen, die sie seit 3.000 Jahren immer wieder aus allen Krisen aufwärts gebracht hatte. Wenn das gelingen sollte, dann kann ein utopischer Ausblick auf den Rest des vor uns liegenden Jahrhunderts absolut Realität werden.

Was aber wären die wichtigsten Inhalte einer solchen positiven Entwicklung? Wie müsste aus der Zukunft die Erfolgsbilanz eines Europas aussehen, das zu Recht auf die eigene Leistung zufrieden zurückblicken kann?

Die wichtigsten Ecksteine einer solchen positiven Utopie:

1. Die demographische Herausforderung ist bewältigt

Europa hat erkannt, dass die Überalterung des Kontinents und das eigene Aussterben kein unabwendbares Schicksal sind. Es hat eine Fülle von Maßnahmen gesetzt, die 2030 schon erste positive Wirkungen zeigen. Diese Wirkungen bestehen in steigenden Kinderzahlen der autochthonen Bevölkerung und Milderung der Pensions-Finanzierungsprobleme trotz der dank der Medizin weiterhin steigenden Lebenserwartung (auch wenn das Reproduktionsversagen der Babyboomer- und der Nachfolge-Generation noch einige Jahre unangenehm demographisch nachhängt):

1. Da die Menschen ja heute nicht nur länger leben, sondern auch viel länger gesund bleiben, arbeiten sie auch länger. Die große Mehrheit der Menschen geht nicht mehr mit 55, 60 oder 65 in Pension. Viele arbeiten auch mit 70 Jahren und länger. Das bringt ihnen sicherere und höhere Pensionen, das hält sie länger gesund, das gibt ihrem Leben auch viel länger den fundamentalen Sinn eines „Ich werde gebraucht".

2. Die Gewerkschaften, die einst lange sinnvolle Reformen blockiert haben, sind zu völlig unbedeutenden Nostalgievereinen verkommen.

3. Aus körperlich anstrengenden Berufen, die etwa ab einem Alter von 50 Probleme machen, wechseln viele Menschen zu Tätigkeiten, wo primär Erfahrung, Charakter, Hirn, Mund oder Hände gebraucht werden. Solche Umstiege werden von den Staaten gefördert (diese ersparen sich dadurch umgekehrt vorzeitige Pensionszahlungen). Inzwischen sind auch alle Kollektivverträge abgeschafft, die die Beschäftigung älterer Menschen teurer macht als von jungen.

4. Um es jungen Familien zu ermöglichen, sowohl mehrere Kinder zu haben wie auch voll berufstätig zu sein, gibt es ein echtes Großmütter-/-vätergehalt, wenn ein Großelternteil die Betreuung mehrerer Kinder übernimmt.

5. Europa hat die Programme übernommen, die Ungarn, Estland oder Frankreich schon früher eingeführt haben, um junge Paare zu motivieren, mehrere(!) Kinder zu bekommen. Diese bestehen etwa in großzügigen Hilfen beim Ankauf von Familienautos oder Häusern. Diese bestehen im Vorrang für Mütter bei der Nach-Kinder-Rückkehr in einen Beruf.

6. Ab der Geburt des ersten Kindes zahlt der Staat für die Mütter den halben Pensionsversicherungsbeitrag, ab dem zweiten den ganzen; bei Scheidungen gibt es prinzipiell ein Pensions-Splitting, sodass Mütter keine Nachteile im Alter durch das einstige Aufziehen von Kindern haben, sodass Frauen nicht durch Scheidungen in ein finanzielles Loch schlittern.

7. Bei der Sozialhilfe wird viel stärker geachtet, dass kein Programm in eine leistungsfreie Hängematte verlockt. Insbesondere sind die Anreize für bildungsferne Schichten weggefallen, durch das Indieweltsetzen von (mit hoher Wahrscheinlichkeit ebenfalls bildungsfern aufgezogenen!) Kindern ein für sie ausreichendes Einkommen zu erzielen.

2. Die Revolution im Bildungswesen

Die europäischen Länder haben im Bildungssystem wichtige Akzente gesetzt:

1. Die MINT-Fächer (Mathematik, Informatik, Naturwissenschaften, Technik) werden auf allen Schulstufen forciert.

2. Die Schulfinanzierung ist auf ein Voucher-System umgestellt worden, das die Privatschulen aller Art mit den staatlichen gleichbehandelt, und das Eltern überall in die Rolle von Auftraggebern der Schule versetzt.

3. Schulen haben volle Autonomie; sie müssen aber ihre Leistungen ähnlich wie bei der Zentralmatura bei externen Tests der Schüler alle zwei Jahre nachweisen.

4. Lehrer und Eltern wählen selbst die Schuldirektoren.

5. Es gibt überall Universitätsgebühren samt großzügigen Stipendien.

6. Gleichbehandlung von Fachhochschulen und Universitäten.

7. Durch eine Vielzahl von Maßnahmen haben Europas Spitzenuniversitäten endlich einen Wettbewerb auf gleicher Augenhöhe mit den amerikanischen, britischen, ostasiatischen und Schweizer Unis geschafft, die noch vor zehn Jahren die Welt der Wissenschaft alleine dominiert haben.

3. Die Völkerwanderung wurde gestoppt

Europa hat die Völkerwanderung erfolgreich gestoppt, indem es die aussichtslosen Versuche einer Abriegelung, eines „Außenschutzes" abgebrochen und stattdessen Afrikanern und Asiaten die Motivation genommen hat, nach Europa zu ziehen:

1. Alle illegalen Immigranten werden binnen weniger Wochen nach zügigen Verfahren sofort wieder abgeschoben; nur eine kleine Minderheit hat eine Bleibechance, die gemäß dem Wortlaut der Flüchtlingskonvention individuelle, politische oder religiöse Verfolgung nachweisen kann.

2. Alle anderen – einst als angeblich humanitär eingeführten Schlupflöcher, die zu einem Bleiberecht führen, sind abgeschafft worden, insbesondere auch die durch linke oder weltfremde Richter geschaffenen.

3. Die Drittweltländer sind von Europa zu einer Rücknah-

me aller von dort gekommenen Migranten gezwungen worden: durch Entzug aller direkten und indirekten Hilfsgelder, durch Nichtvergabe von Visa, durch Knüpfung von Handelsprivilegien an die volle Rücknahmebereitschaft.

4. Jene illegalen Migranten, die dennoch nicht abgeschoben werden können, werden in ein von Europa errichtetes und militärisch geschütztes Lager in Libyen gebracht. Von dort aus werden sie auf europäische Kosten an jedes gewünschte Ziel gebracht – nur nicht nach Europa. Sollte Libyen wieder zu einem stabilen Staat werden, wird dieses Lager nach australischem Vorbild auf eine Insel verlegt. Diese Maßnahme hat alle weiteren illegalen Migranten dauerhaft abgeschreckt, überhaupt zu kommen.

5. Die in Zeiten eines illusorischen Asylrechts nach Europa gekommenen illegalen Migranten, die schon früher ein Bleiberecht erhalten hatten, stehen unter intensivem Druck, sich um eine Assimilierung zu bemühen, insbesondere durch strikte Bindung von Geldleistungen an Spracherwerb, an erfolgreiche Absolvierung von Ausbildungen und an rechtskonformes Verhalten.

6. Alle Beamten werden suspendiert, wenn sie Migranten raten, bei den Kindern primär an der Sprache des Herkunftslandes festzuhalten.

7. Zuzug nach Europa ist weiterhin möglich, aber nur dann, wenn sich ein europäischer Staat die Immigranten selbst nach deren Fähigkeiten aussucht.

4. Die Islamisierung ist beendet

Eines der größten Probleme der letzten Jahre ist durch eine strikte Anti-Islamisierungspolitik weitgehend überwunden. Das

Problem bestand in der Tatsache, dass in Europa binnen ein bis zwei Generationen 15 Millionen Moslems zugewandert waren. Europa war geistig nicht auf diese Invasion vorbereitet und hat lange nicht begriffen gehabt, dass der Islam keine Religion wie jede andere ist, sondern neben einer religiösen Dimension auch in hohem Ausmaß eine politische Eroberungs- und Dominanzdimension hat, samt mehreren verfassungs- und grundrechtswidrigen Elementen. Diese Entwicklung wurde bekämpft durch:

1. Ein absolutes, mit strafrechtlichen und fremdenrechtlichen Konsequenzen unterlegtes Verbot, eine der folgenden Aussagen zu verbreiten oder predigen: die Behauptung einer angeblichen Minderwertigkeit von Frauen; Aufrufe zur Tötung von Christen oder Juden; die Oberhoheit des Koran über Verfassungen und Rechtsordnungen; die Schaffung eines Rechts- und Polizei-Systems neben dem staatlichen (Scharia); oder antisemitische Aufrufe.

2. Das Verbot, Kopftücher in Ämtern oder Bildungsinstitutionen zu tragen.

5. Die EU wurde neu gebaut

In einer besonders schwierigen Operation gelang es, die EU vor dem Kollaps zu retten, in den sie durch massive Überregulierung, ein Überhandnehmen des Zentralismus und eine völlig falsche Währungspolitik geraten war.

1. Die EU-Rechtslandschaft wurde auf das reduziert, was erfolgreich, wichtig und positiv an der europäischen Integration gewesen ist: also auf den Binnenmarkt mit völliger Freiheit des Handels mit Waren und Dienstleistungen innerhalb Europas.

2. Für eine bessere wirtschaftliche Integration war nur noch die Vereinheitlichung aller Verkehrsverbindungen notwendig, also aller Regeln für Straßen-, Bahn-, Flug- und Schiffsverkehr; ansonsten gab es keine neuen EU-Regeln mehr.

3. Es wurde eine zweite Form der Mitgliedschaft geschaffen, bei der ein Mitgliedstaat voll am Binnenmarkt teilnimmt, bei der es aber keine Freizügigkeit für Personen gibt, sich niederzulassen, wo sie wollen. Damit haben die Staaten die volle Kontrolle darüber behalten, welche Menschen auf ihrem Territorium leben. Diese B-Mitgliedschaft hat nicht nur den Briten die Rückkehr in die EU ermöglicht, sondern auch die Probleme mit allen anderen Ländern Europas außerhalb der EU gelöst, deren Beitritt den bisherigen EU-Ländern aus gutem Grund unheimlich war, oder die selber nicht beitreten wollten. Diese B-Mitgliedschaft wurde neben den Briten schon von der Schweiz und den Westbalkanstaaten wie Mazedonien genutzt. Für die Zukunft wird darin sogar eine Formel gesehen, wie man noch besser mit Russland, der Türkei und den USA kooperieren könnte.

4. Die Währungspolitik der Europäischen Zentralbank wurde wieder auf den einzigen Zweck einer Erhaltung der Stabilität des Geldwertes reduziert. Jene Länder, die dem (etwa als Folge fehlender Budgetdisziplin) nicht gewachsen waren, mussten wieder ausscheiden.

5. Da sich die USA militärisch immer mehr von Europa abgewendet haben, da die Türkei sicherheitspolitisch in keiner Weise zur EU passt, hat das EU-Europa (alle A-Mitglieder sowie einzelne, speziell dazu eingeladene B-Mitglieder) ein eigenes Verteidigungsbündnis entwickelt, das zum vollwertigen Ersatz der Nato

geworden ist. Jene neutralen Länder, die da nicht mitmachen wollten, mussten automatisch auf den B-Status zurücksinken.

6. Ein gemeinsamer Aufschwung hat die Meinungsfreiheit der Europäer wiederhergestellt, die durch Political Correctness, den sogenannten „Datenschutz", das Genderismus-Diktat, einen neuen Ökofaschismus und Verhetzungsparagraphen massiv eingeschränkt worden war.

7. In ganz Europa haben die Nationalstaaten wieder hohes Ansehen gewonnen. Selbst viele EU-Bürokraten, Ex-Marxisten und antidemokratische Wissenschaftler geben mittlerweile zu, dass in der nationalen Identität und Solidarität eine der stärksten Antriebskräfte der Menschen ruht, sich gesellschaftlich positiv einzubringen.

8. Hand in Hand mit der neugewonnenen Bejahung der nationalen Identität ist in Europa komplementär auch das Selbstbestimmungsrecht obligatorisch geworden. Dies geschah anfangs gegen große Widerstände einzelner Staaten. Es stellte sich aber als überhaupt wichtigste friedensfördernde Maßnahme heraus. Denn heute sind die Staaten Katalonien, Baskenland und Spanien die besten Freunde; ebenso die Staaten Flandern und Wallonien; ebenso die Lombardei, Venetien, Südtirol und Italien. Die Freundschaft zwischen den Balkanstaaten Kosovo (das territorial etwas kleiner ist als vor zehn Jahren), Serbien (etwas größer), Srpska, Kroatien (samt etlicher früher bosnischen Gemeinden), Bosnien (kleiner als vor zehn Jahren) ist noch etwas unterkühlt, aber mit Hilfe der EU, in die sie alle – meist in Säule B – aufgenommen worden sind, entwickeln sich auch dort die Dinge positiv.

9. Auch in der Säule B sind die Länder nur dann aufgenommen

worden, wenn sie all ihre Grenzkonflikte friedlich gelöst und ihre Truppen aus fremdem Territorium zurückgezogen haben.

10. Auf europäischer Ebene, aber – angesichts des Rückbaus der EU auf das, was wirklich nötig ist, – noch viel mehr auf jener der Staaten, Regionen und Gemeinden, ist die wachsende Entfremdung zwischen der politischen Macht und den Bürgern durch Einführung der Direkten Demokratie beendet worden. Die Bürger haben damit zum ersten Mal in der Geschichte wirklich das letzte Wort errungen. Damit gibt es erstmals wirklich Demokratie im Wortsinn. Die Bürger haben diese neue Macht – so wie es vorher schon generationenlang die Schweiz vorgezeigt hat – überall sehr verantwortungsbewusst wahrgenommen. Sie haben sich dabei lange nicht so verantwortungslos und populistisch erwiesen wie einst die repräsentativen Parlamentarier mit ihrer Schuldenpolitik, mit ihrem Versagen in der Migrations-, Sicherheits- und Währungspolitik, mit ihrer großen Korruptionsbereitschaft, mit ihren ständigen Versuchen, die Meinungsfreiheit kritischer Bürger einzuschränken.

11. Nur durch die direkte Demokratie sind all die in diesem Rückblick aus der Zukunft geschilderten Maßnahmen überhaupt erst möglich geworden. Erst die direktdemokratisch entscheidenden Bürger haben sich über die Feudalherrschaft einer neoaristokratischen Elite aus Politik, Medien, Verwaltung und Justiz hinwegsetzen können.

6. Die Klimapanik hat sich gelegt

Die Mär vom angeblich bevorstehenden Klimatod der Erde schreckt kaum mehr jemanden. Die Mehrzahl der Europäer hat erkannt, dass da einst ohne einen wissenschaftlichen Beweis, dass die Erderwärmung wirklich überwiegend menschengemacht ist, eine künstliche Hysterie entfacht worden ist.

Nachdem diese Klimahysterie anfangs für eine schwere wirtschaftliche Krise in Europa gesorgt hatte, wurde zweierlei beschlossen, um die Klimapaniker zu beruhigen und um dennoch Europa wirtschaftlich wiederzubeleben: Die EU setzt erstens massiv auf den Bau einer neuen Generation sehr sicherer Atomkraftwerke (wobei nicht mehr nur die Kernspaltung, sondern zunehmend auch die Fusion eine Chance bekommen hat); und sie macht zweitens in Sachen Klima nur noch jene Maßnahmen mit, bei denen auch alle größeren globalen Player mitmachen.

7. Europa hat das Christentum wiederentdeckt

Die Europäer haben erkannt, dass 2.000 Jahre das Christentum – bei allen vorübergehenden Fehlentwicklungen – ihre stärkste Antriebskraft gewesen ist, die sie auch für die Bewältigung der Zukunft wieder unbedingt benötigen. Diese Renaissance des Christentums geht Hand in Hand mit einer klaren Bejahung von Vernunft und Wissenschaft als Erben der Aufklärung und antiken Philosophie und Rechtskultur, vermeidet also alle Formen eines esoterischen Geisterglaubens.

Nicht zuletzt der Antagonismus zur atavistischen Welt des Islams und seiner jeden Fortschritt hemmenden Politreligion hat bei der Wiedergeburt des Christentums geholfen.

Glaub an Dich, Europa!

Längst werden manche Leser zu schmunzeln begonnen haben: Schön wär das alles ja, aber es ist leider eine völlig realitätsfremde Utopie. Ihnen kann man nur antworten: Ja, es ist eine Utopie. Aber es ist eine Utopie, für die es sich mit aller Kraft zu kämpfen lohnt.

„Glaub an Dich!" sollte nicht nur der Slogan einer alten Bank sein, sondern noch viel mehr der zentrale Auftrag an ein neues Europa.

Rudolf Thonet

Alltag in der BRD – Interview mit einer Überlebenden

Noch immer sind sie mitten unter uns, die Geschichtsrevisionisten, die Ewiggestrigen, die Unverbesserlichen. Nichts kann ihnen so sehr das Wasser abgraben wie die Konfrontation mit der Wahrheit. ‚Das Neue Wort – Zeitung für Recht und Anstand‘ hat eine Zeitzeugin getroffen, die die BRD überlebt hat. Ihre Aussagen sind erschütternd.

Das Neue Wort (NW): Frau Dr. Wahrig, Sie haben die BRD erlebt und überlebt, wie erklären Sie sich Ihr Schicksal?

Brigitte Wahrig: Es war einfach unendlich viel Zufall, oder vielleicht sollte ich besser ‚Fügung‘ sagen, dabei im Spiel. Zunächst einmal weiß ich gar nicht, ob ich glücklich oder traurig sein muss, daß ich überhaupt geboren worden bin. Als Geborene des Jahrgangs 1981 habe ich ja doppelt Glück gehabt. Meine Mutter sagte mir, daß sie eigentlich die Pille genommen habe, weil sie zum Zeitpunkt ihrer Schwangerschaft mit mir eigentlich kein Kind bekommen wollte. Eigentlich, so hat es mir dann später meine Großmutter berichtet, wollte sie mich nach Indikationsregelung abtreiben lassen. Das hat mir meine Mutter jedoch nie gesagt, bis zu ihrem Tod nicht. Meine Großmutter, gläubige Katholikin, hat dann intensiv mit ihr diskutiert, ihr finanzielle und logistische Hilfe zugesagt, sodass meine Mutter also, beinahe in letzter Sekunde, von einer Abtreibung abgesehen hat. Ich wagte es nie, meine Mutter später darauf anzusprechen. Diese Scham wollte ich ihr immer ersparen. So ist sie vor einigen Jahren verstorben und da ist immer etwas unausgesprochen geblieben zwischen uns. Das beschäftigt mich bis heute sehr.

NW: Das war aber ‚nur' die erste Hürde in Ihrem noch jungen Leben. Sie haben dann noch einmal großes Glück gehabt, auch wenn der Preis hoch war.

Brigitte Wahrig: Ja, Sie spielen sicher auf das Drogenmilieu an, in dem ich aufgewachsen bin. Meine Eltern waren keine reichen Leute, wir lebten in einer Mietwohnung eines großen Mehrfamilienhauses im Ruhrgebiet. Aber meine Eltern waren im Großen und Ganzen in Ordnung, wie man so sagt: Einkaufen, Baumarkt, Urlaub auf Mallorca, eine ganz normale Kindheit und Jugend eben in der BRD. Ich bin beim Spielen auf der Straße mit allen möglichen Kindern und Jugendlichen zusammenkommen, darunter natürlich auch Jugendliche, die gerade ihren Einstieg in die Drogenszene erlebten. Mein Bruder ist dann in diese Szene hineingerutscht. Niemand konnte ihm helfen, niemand hat ihm geholfen. Ich wünschte mir manchmal, daß wir einen Priester in unserer unmittelbaren Umgebung gehabt hätten, der sich seiner hätte annehmen können. Aber dieses Modell, wo Priester Familien intensiv begleitet haben, war ja nach dem Zweiten Vatikanischen Konzil schon lange aus der Mode gekommen. Mein Bruder verstarb dann an einer Überdosis Heroin. Das war mein erster Todesfall in der BRD. Ich war da gerade 18 Jahre alt.

NW: Sie haben es dann geschafft zu studieren und an der Universität Karriere zu machen. War das nicht ein großer Vorteil in der BRD, daß man es durch Fleiß zu etwas bringen konnte?

Brigitte Wahrig: Ja, natürlich, das wäre so nicht immer und überall möglich gewesen. Ich sage ja auch nicht, daß in der BRD alles schlecht war. Es gab auch viel Gutes. So ist die ursprüngliche Fassung und Auslegung des Grundgesetzes in den ersten Jahrzehnten doch wirklich ein Segen für das Land gewesen. Aber sehen Sie, durch die Karriere habe ich nur ein Kind bekommen können. Ich hatte mich völlig auf die Promotion und die Habilitation versteift. Erst als ich dann im Ausland alles ‚in der Tasche hatte‘, da konnte ich mich um ein Kind kümmern. Man hatte uns das ja so eingeimpft: Karriere, Karriere, Karriere! Daß diese Form der ‚Gleichberechtigung‘ einen auf Dauer im Leben sehr einsam machen würde, auf diesen Gedanken kam man erst, als es zu spät war.

NW: Warum sind Sie dann ins Ausland gegangen?

Brigitte Wahrig: Zu Beginn der 2000er griff dann die Genderideologie um sich, die wir ja nun zum Glück weitgehend überwunden haben. Wie stark das im Alltag war, gerade an den Universitäten, davon kann man sich heute kaum einen Begriff machen. Wenn man an der Universität in Westeuropa etwas werden wollte, dann musste man schon ‚geschlechtergerechte Sprache‘ benutzen, so nannte man das damals. Ich war immer schon recht querköpfig und eigen und habe mich dem nie gebeugt. In meinem Fachbereich, der Geschichtswissenschaft, wurde es dann oft schon sehr eng und, wenn man sich dem Mainstream nicht gebeugt hat, dann war oft nach der Promotion Schluss. Das habe ich dann auch in verschiedenen Berufungsverfahren nach meiner Habilitation gemerkt. So bin ich dann nach Osteuropa gegangen. Dort gab es noch Luft zum Atmen.

NW: Den berühmten Flüchtlingsherbst 2015 haben Sie aber noch in Deutschland erlebt.

Brigitte Wahrig: Ja, aber die Folgen waren ein weiterer Grund, warum ich das Land verlassen habe. In den nächsten Jahren wurde es immer unsicherer in der BRD. Es fing mit dem Attentat auf dem Berliner Weihnachtsmarkt an. Man hat dann diese ,Merkel-Poller' aufgestellt, massive Beton-Elemente, benannt nach der damaligen Bundeskanzlerin, damit man nicht mehr mit Autos oder LKW auf Weihnachtsmärkten Amokfahrten unternehmen konnte. Dann wurden die öffentlichen Verkehrsmittel und Bahnhöfe zunehmend unsicherer, später dann Freizeitanlagen wie Spielplätze und Freibäder. Aber das sollte erst der Anfang sein.

NW: Was war dann der Tropfen, der für Sie das Fass zum Überlaufen brachte?

Brigitte Wahrig: Im Sommer 2020 bin ich von einem Flüchtling, der 2015 mit der Flüchtlingswelle nach Deutschland gekommen war, überfallen worden. Er hatte versucht mich zu vergewaltigen. Nach heftiger Gegenwehr ließ er ab. Aber neben zwei Stichwunden, die ich davongetragen habe, wiegen die seelischen Verletzungen wesentlich schwerer. Beinahe noch schlimmer war, was ich danach erlebte. Der Täter konnte zwar gefasst werden, bekam allerdings dann verschiedene Hilfsprogramme zur ,vertieften Integration', wie man damals sagte. Ich erlebte Anfeindungen, dass ich ja selbst schuld gewesen sei, da ich an einem Sommerabend leicht bekleidet und ein wenig angetrunken abends allein durch die Stadt gegangen sei. Hilfsprogramme für mich? Fehlanzeige! Als ich in einem Interview zu dem Vorfall später mal darauf hinwies, daß es sich bei dem Täter um einen bereits in Griechenland vorbestraften Sexualtäter handelte, der unkontrolliert aus Syrien nach Deutschland einreisen konnte, da hat man mir dann noch rechtsradikales Gedankengut vorgeworfen. Da wusste ich: Das ist nicht mehr mein Land, du musst hier weg.

NW: Sie konnten Ihre Promotion und Habilitation aber noch in Deutschland abschließen, bevor Sie nach Ungarn gegangen sind. Wie haben Sie die dann ausbrechenden Unruhen in Deutschland erlebt?

Brigitte Wahrig: Ja, das war sehr knapp. Deutschland schlitterte ja schon in verschiedenen Bereichen in die Krise, aber die offizielle Propaganda der Merkel-Regierung, damals überwiegend durch die staatsnahen Medien verbreitet, ließ alles schönreden. Die Flüchtlinge seien eine ‚Chance' hieß es, der Islam ‚eine Bereicherung', die Überalterung sei ein ‚Neuanfang'. Jegliche Kritik an den herrschenden Zuständen wurde als ‚rechtspopulistisch' oder sogar ‚rechtsradikal' gebrandmarkt. Künstler wurden von Ausstellungen ausgeschlossen, Politiker der oppositionellen AfD nicht zu offiziellen Anlässen eingeladen, Journalisten, die nicht auf ‚Linie' waren, verloren ihre Arbeit.

NW: Haben Sie da ein Beispiel für?

Brigitte Wahrig: Ein frühes Beispiel war sicher der Fall der Nachrichtensprecherin Eva Hermann. Im Jahr 2007 äußerte sie sich etwas unklar und zweideutig zum offiziellen Geschichtsbild der BRD in Bezug auf den Nationalsozialismus. Daraufhin verlor sie ihre Stellung bei einer norddeutschen Rundfunkanstalt. Aber das ist nur eines von sehr vielen Beispielen. Mich hat es aber immer schon sehr beeindruckt und mir frühzeitig eine gewisse Angst gemacht. Es haben ja fast alle mitgemacht: nicht nur die Politiker, die staatlichen Medien, die privaten Zeitungen, die Schulen, die Universitäten, die Stiftungen, die vielen Mitläufer und Verharmloser. Man war als Kritiker einfach in einer Minderheit, die mundtot gemacht werden sollte. Auch die Massen haben ja bereitwillig mitgemacht. Das System hat ja darauf geachtet, daß es den Menschen materiell gut ging. Zumindest denen, die am System teilhaben durften. Und das waren die Starken und die Angepassten. Besonders die ‚Ränder‘ des Lebens, die Ungeborenen und die Alten waren gefährdet.

NW: Die BRD hat sich ja ihrem Selbstverständnis nach doch sehr im Gegensatz zum Nationalsozialismus gesehen. Wie würden Sie das Verhältnis beschreiben?

Brigitte Wahrig: Das ist sicher eines der interessantesten Kapitel der BRD. Sie ist ja zunächst von vielen ehemaligen NS-Größen mitgegründet worden, obgleich schon in der Verfassung, die man ‚Grundgesetz‘ nannte, wichtige Distanzierungen zum Nationalsozialismus festgelegt worden waren, so etwa mit dem damals sehr bekannten Artikel 1. Doch nach und nach wurde der Widerstand der Spätgeborenen gegen den Nationalsozialismus immer größer, so daß alle Bereiche des Lebens ‚antifaschistisch‘ umgestaltet wurden. Das hat man aber immer versucht, mit dem ‚Geist des Grundgesetzes‘ in Einklang darzustellen, um einen offenen Verfassungsbruch zu vermeiden. Deutlich wurde dies etwa in der Umdeutung des Artikels 6 der Verfassung, der eigentlich Ehe und Familie schützen sollte. Da aber im Nationalsozialismus sexuelle Minderheiten wie Homosexuelle verfolgt wurden, musste man nun in einem Akt des ‚nachträglichen Widerstandes‘ Homosexuelle mit Heterosexuellen völlig ‚gleichstellen‘ (so sagte man damals), ohne daß Artikel 6 verletzt zu sein schien. Das hat man dann damit begründet, daß in Artikel 6 ja nicht ausdrücklich von einer Ehe zwischen Mann und Frau die Rede gewesen ist. Auch die Judikative hat damals an dieser Umdeutung und Aushöhlung der Verfassung wieder und wieder mitgemacht. Und genau das war das Prinzip der Merkel-Regierung und ihrer Vorgänger: Das Grundgesetz musste ‚umgedeutet' werden.

NW: Also hat sich die BRD erst nach und nach zu einem ‚Merkel-Regime' entwickelt?

Brigitte Wahrig: Ja, absolut. Ein späterer Außenminister, Joseph Fischer – man nannte ihn in den Staatsmedien stets liebevoll ‚Joschka' – hat es auf den Punkt gebracht, indem er sagte, daß Auschwitz der ‚Gründungsmythos der BRD' gewesen sei. Und dieser Mythos ist mit der Zeit immer stärker geworden. Dabei war das Verhältnis zum NS überaus ambivalent. Man hat versucht von allem genau das Gegenteil der Nazis zu machen und hat sie dabei in Teilen doch immer wieder unfreiwillig negativ kopiert. Dabei ist man jedoch sehr intelligent vorgegangen. Wo die Nazis verboten, eingesperrt und gefoltert haben, da hat man in der BRD im Vorfeld geächtet, gefiltert und verhindert. Das war sehr wirksam und subtil. Viele Menschen haben so gar nicht erst gemerkt, daß sie nach und nach in das ‚Regime Merkel' hineinrutschten. Dabei waren die Methoden doch ähnlich: Staatspropaganda in den Medien, Massenaufmärsche (‚Demos gegen rechts') und Feiertage wie etwa den ‚Weltfrauentag' oder den ‚Christopher Street Day'. Wichtig war dabei jedoch immer, daß die Optik im Vergleich zum NS genau gegenteilig sein sollte. Alles sollte bunt, vielfältig und verschiedenartig sein. Und in genau dieser ‚Vielfalt' war man aber völlig monoton und intolerant. Völlig hysterisch wurde es dann, als die Schwedin Greta Thunberg die weltweiten Demonstrationen ‚Fridays for Future' ausgerufen hat. Mit dem Vehikel der Klimahysterie hat man versucht, die globale Wirtschafts- und Gesellschaftsordnung umzustürzen. In Deutschland ist dies dann ja auch gelungen. Kluge Menschen haben das aber schon frühzeitig gemerkt. Die geistige Vordenkerin all dieser Entwicklungen, Judith Butler, hat dies ja auch in ihren Werken frühzeitig so gefordert. Jeder konnte also wissen und niemand kann heute sagen, er habe von all dem damals nichts gewusst.

NW: Wie erklären Sie sich, daß dennoch so viele Menschen freiwillig mitgemacht haben?

Brigitte Wahrig: In meinem Buch ‚Deutsche Geschichte 1968 bis 2023' habe ich das ‚Regime Merkel' mal ‚Scheindemokratie' oder auch ‚Subdiktatur' genannt. Es war eine Diktatur, die im Gegenteil jedes Ansehen einer klassischen Diktatur vermieden hat. Sehr intelligent, indem sie eben früher angesetzt hat, vorstaatlich. Letztlich genau so, wie Rousseau und Robespierre es sich mit ihrem ‚Allgemeinen Willen' vorgestellt haben.

NW: Aber es gab doch Widerstand, das freie Internet, und die AfD saß im Bundestag. Können Sie denn dann nicht verstehen, wenn heute noch immer Menschen sagen, daß die BRD ein freies und rechtstaatliches Land war?

Brigitte Wahrig: Das sind sehr populäre, aber eben auch sehr gefährliche Thesen, die Sie da wiederholen. Davon werden sie aber auch nicht ‚wahrer'. Das gehörte ja alles zum Konzept der Scheindemokratie. Man hat die AfD zugelassen, aber durch und durch marginalisiert und stigmatisiert. Mustergültig konnte man das etwa daran erkennen, daß ihr etwa der Sitz eines Stellvertretenden Bundestagspräsidenten nicht zugestanden wurde, obgleich dies traditionell so üblich war. Diese Rechte galten ja nur für die Starken, die, die das Glück hatten, leben zu dürfen und gesund waren. Der Sozialdarwinismus der BRD betraf vor allem die gesellschaftlichen Ränder: die Ungeborenen, die Schwachen, die Alten und die Andersdenkenden. Was die Nazis staatlicherseits durchgesetzt haben, das Recht des Stärkeren, das hat man in der BRD dem Einzelnen überlassen: das Recht über Leben und Tod der Ungeborenen, die Möglichkeit die Alten in ‚Pflegeheime' abzuschieben, die Willensstärke dem Drogenrausch zu widerstehen, die Möglichkeit sich auf der Straße gegen Schlägertrupps verteidigen zu können. Der System-Soziologe Ulrich Beck nannte dies mal gefährlich verharmlosend einfach ‚Risikogesellschaft'. Das Internet war dann in der Tat die Befreiung für uns, vor allem als die sozialen Netzwerke aufkamen. Hier konnte man sich in kleinen Gruppen, vor allem auf osteuropäischen sozialen Netzwerken, frei äußern. In der BRD und den verbündeten Staaten der EU versuchte man das aber schrittweise durch das sogenannte ‚Netzwerkdurchsetzungsgesetz' zu verhindern. Auch das geschah jedoch in einem schleichenden Prozess, damit man es nicht so merkte.

NW: Sie konnten die BRD dann kurz vor Beginn der großen Unruhen verlassen.

Brigitte Wahrig: Ja, 2020 spitzte sich die Lage immer mehr zu. Der Wohlstand ließ nach, der demographische Wandel schlug durch, die Migration und die sozialen Spannungen nahmen dramatisch zu. Am Schluss hat eben das ‚Regime Merkel‘ geerntet, was es gesät hat. Aber viele hatten ja wirklich an diese Vision der ‚One World‘ und des universellen Multikulturalismus geglaubt. Dabei war doch abzusehen, daß das nicht gut gehen konnte. So sind wir dann von einem Regime ins nächste geschlittert. Wenigstens herrscht auf dem Gebiet der ehemaligen BRD jetzt wieder Frieden, auch wenn nur das eine autoritäre Regime durch ein anderes abgelöst wurde. Aber der neue Staatskanzler Karl von Gerlich, der ja dem konservativ-katholischen ‚Francisco-Suárez-Institut‘ entstammt, hat wenigstens für einen Ausgleich zwischen den Religionen, Geschlechtern und sozialen Schichten gesorgt. Aber die alte ‚res publica‘ der BRD, die bis etwa 2000 existierte, die bleibt doch ‚amissa‘. Ich bedauere das zutiefst.

NW: Sie haben es während des Bürgerkrieges dann mal gewagt, auf das Gebiet der ‚ehemaligen‘ – das musste man damals dann ja schon so sagen – BRD einzureisen. Wie haben Sie den Bürgerkrieg erlebt?

Brigitte Wahrig: Nun, vielleicht nicht so, wie man es sich klassischerweise vorstellt. Es lag nicht alles in Schutt und Asche. Gerade auf dem Land war die Situation teilweise noch stabil. Aber in den Brennpunkten des Konfliktes, in Berlin, dem Ruhrgebiet, Köln und der Rheinschiene, überhaupt in den großen Städten, war die Situation katastrophal. Es herrschten bürgerkriegsartige Zustände, teilweise verdeckt, teilweise aber auch offen. Die verschiedenen gesellschaftlichen Gruppen und Milieus, die sich in der bleiernen Zeit der Merkel-Ära verfestigt hatten, bekämpften sich auf das Bitterste. So gab es teilweise sogenannte ‚CO_2-befreite Zonen‘, Gegenden, in denen die Scharia ausgerufen wurde und wieder andere, die sich ‚völkisch-befreit' nannten. Letztere dominierten vor allem im Osten der ehemaligen BRD. Dem letzten Kanzler Robert Habeck von der Partei der ‚Grünen' war das Schwert der Macht zuletzt vollends entglitten. Daß Karl von Gerlich am Ende das Ruder herumreißen konnte und die verschiedenen Gruppen mit harter Hand niederringen konnte, ist sicher auch dem Eingreifen der USA, Englands und vor allem Chinas zu verdanken, das ein Interesse an einem stabilen und in gewisser Weise auch ‚traditionellen' Europa hatte. Das ist, wenn man so sagen darf, auch ein später Sieg der Hesperialisten, die sich schon zu Zeiten der BRD für ein traditionelles Europa stark gemacht haben. Den starken chinesischen Einfluss auf die Regierung von Gerlich mag man dabei bedauern, aber so ist es nun einmal.

NW: Frau Dr. Wahrig, wir danken Ihnen für dieses ausführliche Interview.

Fabio Witzeling
Welches Europa?
Eine Potenzialanalyse des europäischen Gedankens

Sind Sie auch „glühender Europäer"? Das müssten Sie eigentlich sein, wo doch fast alle Politiker in Wahlkampfzeiten glauben, mit dieser Floskel Ihr Herz zu erobern. Ersehnen Sie eine „europäische Lösung", die quasi alle großen Problemlagen, sei es im globalen Wettbewerb oder in der Migrationsfrage, befrieden könnte? Bringt Sie auch die Sorge um das „Friedensprojekt Europa" regelmäßig um Ihren Schlaf, da ohne seine segensreiche Wirkung der dritte Weltkrieg praktisch vor der Tür steht? Beschwören Sie emphatisch die „europäischen Solidarität", wenn wieder einmal ein ungezogener Mitgliedstaat (meist im wilden Osten) von der so hart erkämpften gemeinsamen Linie ausschert?

Die Aufgesetztheit dieser Floskeln springt einem, nicht nur ob ihrer Stereotypie, sofort ins Auge. Hört oder liest man sie – gleich mit welch pathetischem Stil sie vorgetragen werden – beschleicht einen stets das ungute Gefühl, hinters Licht geführt zu werden. Es scheint ein ungedeckter Scheck ausgestellt zu werden, bei dem nur alle stark genug an das dahinterliegende Kapital glauben müssten, damit die Rechnung aufginge. Gutmütig könnte man hier die idealistische Anrufung einer Utopie vermuten; kritischere Naturen sehen darin wohl eher die Einladung zu einem politischen Pyramidenspiel. Instinktiv möchten diese in einer Abwandlung Carl Schmitt zitieren: „Wer Europa sagt, der will betrügen".

Dieses Gefühl kommt auch nicht von ungefähr. Wird in den großen Medien von „Europa" gesprochen, ist bereits jedem klar, dass damit meist die Europäische Union gemeint sein soll. Die synonyme Verwendung bewirkt im Bewusstsein der Rezipienten eine Gleichsetzung des Kontinentes und seiner gewaltigen, mehrtausendjährigen zivilisatorischen Geschichte, mit einem 50 Jahre alten bürokratischen Komplex. Der eben aus dieser Geschichte resultierende sakrale Klang des Wortes „Europa" bzw. seine zeitlose Aura soll – so hoffen zumindest die Anwender – auf die Brüsseler Institutionen abfärben und sie auf eine ähnlich zeitlose Ebene transzendieren. Diese Ebene verspräche nämlich den Schutz vor tagespolitischen Debatten und den daraus resultierenden Angriffen. Die Proponenten der EU würden sich gerne bereits jetzt über dem politischen Diskurs stehend betrachten. So wie nicht einmal der vehementeste Kritiker der französischen Politik an der Legitimation Frankreichs an sich zweifelt, soll auch niemand mehr ernsthaft die Frage nach der Sinnhaftigkeit der Europäischen Union und ihrer Institutionen stellen.

Doch diese Ebene ist offenkundig bei weitem noch nicht erreicht. Ganz im Gegenteil: Die multiplen Krisenerscheinungen der letzten Jahre, allen voran die aus ideologischer Verblendung resultierende Hilflosigkeit der EU-Institutionen angesichts der Migrationskrise, und schließlich der sich gerade vollziehende Austritt Großbritanniens, ließen die Legitimität der EU, auch nur gemessen an utilitaristischen Maßstäben, weiter zerbröseln. Umso künstlicher wirkt nun das Pathos, mit dem von Europa gesprochen wird. Die „europäische Lösung" ist gar zum Running Gag degradiert. Die Beschwörung der Bedeutung Europas durch die EU-Proponenten wirkt immer mehr wie eine Besudelung. Es scheint einfach nichts dahinter zu sein, als die Selbsterhaltungsinteressen einer dysfunktionalen Institution.

Diese Dysfunktionalität liegt jedoch nicht daran, dass die Einrichtungen der Europäischen Union zu wenig Macht in sich vereinen, wie zahlreiche „glühende Europäer" es gerne darstellen, und mit der Forderung nach einer weiteren Kompetenzverschiebung nach Brüssel verbinden. Auch der möglicherweise ineffektive Aufbau der bürokratischen Struktur selbst stellt nicht den Kern der Problematik dar. Die Ursache liegt eher in dem grundsätzlich anti-europäischen Geist, der hinter dem Sternenbanner und den pathetischen Phrasen von der EU und ihren Proponenten Besitz ergriffen hat.

Der Balkon im eigenen Auge

Ende 2018, hundert Jahre nach Ende des Ersten Weltkrieges und sechs Monate vor den Wahlen zum Europäischen Parlament, riefen europaweit Intellektuelle und Künstler die „Republik Europa" aus. Das vom österreichischen Autor Robert Menasse und der Politikwissenschaftlerin Ulrike Guérot angestoßene „European Balcony Project" sollte künstlerisch vorwegnehmen, was nach ihrer Ansicht so schnell wie möglich auch politisch zu folgen habe: „An die Stelle der Souveränität der Staaten tritt hiermit die Souveränität der Bürgerinnen und Bürger. Wir begründen die Europäische Republik auf dem Grundsatz der allgemeinen politischen Gleichheit jenseits von Nationalität und Herkunft", verkündeten die Kulturschaffenden in ihrem Manifest. „Setzen wir ein Zeichen für ein gemeinsames, vereintes Europa. Dem grassierenden Mangel an Solidarität und menschlicher Empathie in unserer Gesellschaft müssen wir gemeinsam ein friedliches, entschlossenes ‚Wir' entgegensetzen", hieß es in einer Aussendung. Unzählige in der Kulturszene hochrangige Teilnehmer äußerten ihre Sorgen um „zivilisatorische Grundwerte" wie Menschlichkeit und Demokratie, welche sie von nationalistischen Strömungen und populistischen Parteien – von wem auch sonst? – bedroht sehen. Für sie kann es daher nur eine Lösung geben: Die Aufhebung des Nationalstaates in einer europäischen Republik. „Der Tag ist gekommen, dass sich die kulturelle Vielfalt Europas endlich in politischer Einheit entfaltet."

Wie die Initiatoren die Relevanz und den moralischen Wert ihrer Aktion einschätzen, ließ Guérot in einem Kurier-Interview durchblitzen. Auf die Frage, ob der Zeitpunkt für das Projekt nicht aufgrund einer allgemein EU-kritischen Stimmung eher ungünstig gewählt wurde, antwortete sie mit einem Verweis auf Rosa Parks, die sich 1955 in den USA zur Zeit der Rassentrennung trotz drohender Verhaftung weigerte ihren Sitzplatz im Bus einem Weißen abzutreten, was heute als ein Ausgangspunkt für die schwarze Bürgerrechtsbewegung gilt.

So eigenartig bis anmaßend dieses Projekt im Modus der Verkündung durch die kulturelle Elite auch wirken mag, steht es doch lediglich symptomatisch für die Denkweise des vorherrschenden Typus von Intellektuellen. Neben dem fraglichen künstlerischen Wert der Aktion, fällt dem soziologisch interessierten Beobachter nämlich vor allem die Einheitlichkeit des Milieus ins Auge, aus dem sich die Teilnehmenden rekrutierten. Nach einer Definition des britischen Publizisten David Goodhart, könnte man diese fast durch die Bank als „Anywheres" (etwa „Nirgendwos") bezeichnen. Zusammenfassend handelt es sich dabei um die urbanen Modernisierungsgewinner und privilegierten Kosmopoliten, die qua Sozialisation kaum noch Bindung zu ihrer Herkunft besitzen. Dementsprechend haben diese auch abstraktere bzw. universellere Wertbilder entwickelt, als die davon zu unterscheidenden, verwurzelteren „Somewheres" (die quasi „Dagebliebenen"). Es trennt die beiden Typen also nicht nur ihr Lebensstil oder ihr sozioökonomischer Status, sondern vor allem auch ihr grundsätzliches Weltverhältnis.

Auch wenn Sie von diesen Begriffen vielleicht noch nie etwas gehört haben, so kennen Sie doch beide Menschenschläge in- und auswendig, denn so gut wie alle Kulturkämpfe der letzten Jahrzehnte lassen sich grob anhand dieser Trennlinie definieren. In der gegenwärtigen gesellschaftlichen Konstellation sind sie auch treffsicherer als die klassischen Dichotomien von rechts-links, konservativ-progressiv etc., da sie den engen Zusammenhang zwischen Lebensstil und Ideologie abbilden. Die Choreographie dieser Kulturkämpfe ist Ihnen auch bekannt: Die bindungslosen Anywheres möchten ihre Vorstellungen von Fortschritt den bodenständigeren Somewheres aufoktroyieren. Insofern ein legitimer politischer Konflikt. Jedoch vollzieht sich dieser nicht auf der Ebene des Austausches rationaler politischer Argumente, sondern in den Kategorien der Moral.

Gerade diese Klasse, die der deutsche Soziologe Helmut Schelsky als moderne Priesterkaste bezeichnete, hat in allen gesellschaftlichen Bereichen, die das öffentliche Bewusstsein bestimmen (Bildung, Medien, Kultur) die Hegemonie erlangt. Und diesem prägt sie auch ihre Wertbilder und Denkweisen auf: Wer gegen einen stärkeren Zentralismus ist, denkt nicht einfach nur föderaler, sondern ist ein ewiggestriger Nationalist. Wer nicht für eine undifferenzierte Massenzuwanderung nach Europa optiert, leidet an der Volkskrankheit Xenophobie, und kann deshalb die Segnungen kultureller Vielfalt und Buntheit nicht wertschätzen. Wer immer noch von der natürlichen Bipolarität der Geschlechter ausgeht, hat einen Kurs im Gender-Mainstreaming bitter nötig, bevor ihm wieder eine „Bühne geboten" werden darf. Und wer in Sachen Klimaschutz versucht, ein wenig Realismus und Verhältnismäßigkeit in die Debatte zu bringen, der ist sowieso für die Apokalypse verantwortlich. Auf dieser infantilisierten Ebene kann zwar jedes Kind an politischen Debatten teilnehmen (was bekanntermaßen auch vermehrt passiert), und sich jeder viertelgebildete Moralist zum Experten aufschwingen, aber ein auch nur ansatzweise produktiver politischer Diskurs wird dadurch verunmöglicht.

Es geht ständig um die Auflösung von Grenzen, seien sie physischer, konzeptioneller oder moralischer Natur. Das ist in diesem Weltverhältnis der Vektor der Geschichte. Die Kardinalsünde in diesem Wertesystem ist dementsprechend die „Ausgrenzung". Ein äußerst diskriminierend und böse klingender Begriff. Und das Beste ist, dass er äußerst vielfältig anwendbar ist. Überall wo sich eine Gruppe bildet, werden andere logischerweise ausgeschlossen. Sprechen Sie von Wienern, grenzen sie damit die Tiroler aus. Sagen Sie „Europäer", sind damit die Asiaten diskriminiert. Was also tun, um dieser Menschenfeindlichkeit zu entgehen? Besonders progressive Zeitgenossen schlagen hier vor, doch einfach den Begriff „Mensch" zu verwenden. Nun wird für eine weniger progressiv denkende Person der Informationsgehalt von „Mensch" beispielsweise in einer Diskussion über eine sinnvolle Migrationspolitik wohl kaum ausreichen. Jedoch in einem Weltbild, das nur aus toleranten, weltoffenen Menschen und reaktionären bis faschistoiden Unmenschen besteht, genügt er vollkommen. So wird die Diskursherrschaft über Sprachregelungen hergestellt.

In einer universellen Moral darf es also keine Ausgrenzung geben. Nationalstaaten grenzen naturgemäß Menschen aus, deshalb haben sie auch aufgelöst zu werden. „An die Stelle der Souveränität der Staaten tritt hiermit die Souveränität der Bürgerinnen und Bürger." Warum ein Bürger in einem Nationalstaat weniger souverän sein soll, als in einer viel unübersichtlicheren, zentralistischen Bürokratie, bleibt das Geheimnis der Verfasser des Manifestes für die Europäische Republik. Aber Halt! Sollten sie ihren vornehmen Willen bekommen und die Republik Europa eines Tages auf den Ruinen des alten, durch Nationalismus und Populismus verwüsteten Europas erstehen, wären dann nicht wiederum Afrikaner und Asiaten ausgegrenzt? Wäre deren Souveränität dann nicht auch durch die Grenzen dieser Republik verletzt?

Die Auflösung dieses Dilemmas findet sich mitten im europaweit zigmal verlesenen Manifest. Vielleicht erahnen Sie warum diese Zeilen trotzdem nicht den gleichen medialen Widerhall erfuhren, wie die bereits genannten: „Wir sind uns bewusst, dass der Reichtum Europas auf Jahrhunderten der Ausbeutung anderer Kontinente und der Unterdrückung anderer Kulturen beruht. Wir teilen deshalb unseren Boden mit jenen, die wir von ihrem vertrieben haben. Europäer ist, wer es sein will. Die Europäische Republik ist der erste Schritt auf dem Weg zur globalen Demokratie."

Der Kontinent der Schuldigen

Wir sehen also, dass sich hinter den Floskeln des vereinten Europas paradoxerweise ein tiefes anti-europäisches Ressentiment verbirgt. Europa soll nicht vereint werden, um die Stärken der einzelnen Mitglieder im globalen Wettbewerb zu bündeln und einen größeren Handlungsspielraum zu erzeugen, sondern die Vereinigung wird hier als Vorstufe zur Auflösung ungewohnt offen ins Feld geführt. Ein derartiger Hintergedanke ist natürlich nicht bei allen EU-Befürwortern anzunehmen. Doch es ist nicht zu leugnen, dass gerade in internationalen Organisationen die Anywheres, die Verfechter der beschriebenen universellen Hypermoral naturgemäß am stärksten vertreten sind.

Ihr politischer Urtrieb speist sich aus einem tiefen, schon im kollektiven Unterbewusstsein verankerten Schuldkomplex. Die Basisidee, von der sich jede weitere politische Überzeugung ableitet, wird im letzten Zitat offenbart: Uns geht es so gut, weil es denen so schlecht geht. Diese stereotype Überzeugung wird der westlichen Bevölkerung auch bei jeder Gelegenheit, ob direkt oder unterschwellig, eingetrichtert. Denn wenn alle Menschen gleich sind in ihren Veranlagungen und Talenten und alle Kulturen gleichwertig hinsichtlich ihrer Kompatibilität mit der modernen Welt, so können die frappierenden globalen Unterschiede in den Lebensstandards nur auf brutaler Unterdrückung und Ausbeutung beruhen.

Die Europäischen Völker und ihre Abkömmlinge in der neuen Welt werden hauptsächlich durch die schlechtesten Momente in ihrer Geschichte charakterisiert, während bei allen anderen jede Macke als exotisch und irgendwie „naturwüchsiger" romantisiert wird. So soll an den meisten Versagen afrikanischer Völker der Westen die Schuld tragen, denn alles lässt sich irgendwie (über wie viele Ecken auch immer) auf die Auswirkungen des Kolonialismus zurückführen. Deshalb muss hier Sühne geleistet werden. Von Milliarden an Entwicklungshilfe (die in Wahrheit nur Abhängigkeiten schafft und korrupte Staatsysteme stützt) bis zum Zulassen unbegrenzter Migrationsströme in die westlichen Länder – all das lässt sich durch unsere ewige und transzendente Schuld rechtfertigen.

Das klingt zwar besonders menschlich und weltoffen, doch genauer betrachtet führt dieser globale Egalitarismus nur in einen Rassismus höherer Stufe. So werden beispielsweise Afrikaner als die ewigen Opfer gesehen. Ohne eigenen Willen und unfähig ihren genuinen Entwicklungsprozess durchzumachen, soll sie Europa am besten in allen Belangen – bis zur Selbstaufgabe – unterstützen. Europa als ödipale Mutter, die in ihrer aufopfernden Fürsorge den Kindsvölkern Afrikas jede Chance zum Erwachsenwerden nimmt. Das egalitäre Denken lässt es einfach nicht zu, andere Kulturen in ihren jeweils unterschiedlichen Seinsweisen zu akzeptieren. So leiden Afrika und Europa gleichermaßen am universellen Egalitarismus.

Redet man mit gebildeten Afrikanern, so offenbaren diese oftmals eine weitaus realistischere Weltsicht als ihre selbsternannten Advokaten aus Europa. Ihre Perspektive ist meist nicht getrübt durch Schuldkomplexe oder selbstzerstörerische Ideologien. Man erinnert sich durchaus der Schandtaten des Kolonialismus in all ihren grausamen Details, doch werden ebenfalls die zivilisatorischen Errungenschaften Europas hochgeschätzt. So kam es im Zuge meines Studiums der Soziologie an der Universität Wien manchmal zu peinlichen Begegnungen zwischen linken und afrikanischen Studenten. Auf die paternalistische Frage ersterer nach Erfahrungen von Rassismus in Österreich, antworteten die Afrikaner für die wohlmeinenden Studenten schockierend: Ja diese kämen vor, doch das wäre in Afrika genauso, wenn die Österreicher dorthin gingen. Vielleicht sollten jene Verteidiger der Welt-Gerechtigkeit öfters ihren vermeintlichen Schützlingen zuhören, anstatt sich ständig zum Zwecke der moralischen Profilierung stellvertretend für sie zu empören.

Gegen den kleinsten gemeinsamen Nenner

Würde man als Europäer generell andere Kulturen nicht nur als Projektionsoberflächen für die eigene Lust an der Selbstgeißelung missbrauchen, stellten diese einen wertvollen Spiegel für die kollektive Selbsterkenntnis dar. Gerade in der Differenz zu anderen Kulturkreisen kann sich das Gemeinsame der europäischen Völker manifestieren. Dasselbe gilt auch innereuropäisch. Die ideologiefreie Wahrnehmung der Unterschiede und deren ehrliche Akzeptanz schaffen die Grundlagen für eine Kooperation abseits verlogener Einheitsphantasien, deren Verwirklichungsversuche zu Konflikten führen, die in der Geschichte – vor allem des 20.Jahrhunderts – oft genug ins Mörderische ausarteten.

Die als Schicksalsgemeinschaften organisch gewachsenen europäischen Nationen lassen sich nicht in ein künstliches Konstrukt pressen, dessen Spielregeln von ideologisch verblendeten Gleichheitsaposteln aufgestellt werden. Je mehr Unterschiedliches vereint werden soll, desto kleiner muss der gemeinsame Nenner werden, auf den sich alle einigen können. Und dieser kleinste Nenner kann nur die basalsten menschlichen Bedürfnisse und Fähigkeiten umfassen. Eine Union der reinen Konsumenten stellt kein Problem dar. Umso besser, wenn ein Absatzmarkt statt acht Millionen nun 500 Millionen umfasst. Schwieriger wird es jedoch auch die thymotischen Bedürfnisse anzugleichen. Die vielen Mentalitäten, deren mannigfaltige Unterschiedlichkeit auf kleinstem Raum Europa kennzeichnet, sind nicht nur Vorurteile die sich durch „Aufklärung" beseitigen ließen. Sie stellen das kollektive Bewusstsein und Unterbewusstsein der Völker dar, die in all ihrer Vielfältigkeit gemeinsam den europäischen Geist ausmachen und deren historisch gewachsene Gefäße die Nationalstaaten sind. Das mag für die Gleichheitsapostel und Vulgärmaterialisten, die unterschiedliche Kulturen nur anhand der Vielfalt der Kulinarik wertschätzen können, metaphysischer Schnickschnack sein, doch das ist eher einer tiefen kulturellen Ignoranz geschuldet, als einer ausgebildeten „Weltoffenheit".

Durch mediale Verblödung und Massenmigration, lässt sich vielleicht eine europäische Bevölkerung generieren, die wirklich kaum noch Unterschiede aufweist und sich durch das Versprechen von mehr materiellen Wohlstand einen lässt. Dazu gebe

man noch die Erzählung des durch seine historische Schuld-
haftigkeit geläuterten Kontinentes als Gründungsmythos, etwas
Menschenrechtsrhetorik und ein oberflächliches Verständnis der
Aufklärung, eine starke Portion Sozialstaat et voilà – Es lebe die
Europäische Republik!

Will man jedoch diesem Europa des kleinsten gemeinsamen
Nenners, dem Europa der kulturellen Beliebigkeit entrinnen,
braucht es eine tiefgreifendere Reflexion des europäischen Geis-
tes und nicht nur Phrasen von kultureller Vielfalt, sondern einen
wirklichen Respekt vor dieser. Vor allem die östlichen Länder
haben in Jahrzehnten unter kommunistischer Herrschaft erfahren, wohin die beschriebenen Gleichheitsphantasmen führen.
Während die westeuropäischen Länder nicht nur Nationalstaaten, sondern fast alle Überbleibsel von ehemaligen Imperien
sind, stellt die souveräne, nationalstaatliche Eigenständigkeit der
osteuropäischen Staaten eine im kulturgeschichtlichen Maßstab
vor Kurzem erst hart erkämpfte Errungenschaft dar. Für die vermeintlich Progressiven stellen sie heute den Bremsklotz auf dem
festgeschriebenen Weg in ein fortschrittlicheres Europa dar. Für
manch andere sind sie die warnende Stimme der Vernunft vor
Selbstaufgabe und Dekadenz.

Europa steht vor einer grundlegenden Entscheidung: Gehen
wir den Weg der schnellen Vereinheitlichung, der mit kultureller
Verflachung und Einebnung der kollektiven Identitäten einher-
geht – immerhin gäbe es dann keine „Ausgrenzung" mehr, da
nichts mehr existiere wovon man ausgeschlossen werden könnte.
Oder wählen wir das organische Zusammenwachsen sich ohnehin im globalen Referenzrahmen nahestehender Kulturen. Wie

diese Entscheidung ausgeht hängt vor allem vom Telos, dem Endziel ab, das bewusst oder unbewusst die Entwicklung steuert. Ist dieses die „globale Demokratie", so stellt jede kulturelle Eigenheit einen Stolperstein dar, der durch die Reduktion auf ein international verträgliches Mittelmaß – den kleinsten gemeinsamen Nenner – beseitigt werden muss. Sehen wir den europäischen Menschen jedoch nicht nur als weltbürgerliches Konsumvieh, sondern als Verkörperung seiner jeweiligen Geschichte und kultureigenen Wertsysteme, dann können wir den banalen Angleichungsutopien der Anywheres nicht folgen. So oder so: Eine offene Debatte über dieses Endziel, jenseits von moralistischen Inklusions-Floskeln und rein technokratischen Überlegungen ist am gegenwärtigen Punkt der europäischen Entwicklung das Gebot der Stunde.

Markus M. Goritschnig

Realer Postmodernismus Westeuropas Zersplitterung in partikuläre Sphären

Ein fiktionaler Rückblick auf die Zwanzigerjahre des zweiten Millenniums

Das Jahrzehnt der 2020er Jahre begann hierzulande, in Österreich, mit der Bildung einer durchaus neuartigen Koalition, die in ganz Europa interessiert beäugt und als mögliches Zukunftsmodell diskutiert wurde. Der überlegene Wahlsieger, die konservative und einwanderungskritische Volkspartei unter dem 33-jährigen Sebastian Kurz, legte ziemlich genau zu Silvester einen Regierungspakt mit den Grünen vor. Mit dem für beide Akteure schlüssigen Argument, die nationalkonservative Partei klein halten zu wollen, akzeptierten die Grünen einen großen Teil der an damaligen Tabus rüttelnden asylkritischen Agenda der Volkspartei, während letztere dem ersten Höhepunkt der Klimadebatte programmatischen Tribut zollte.

Dieser Situation wohnte etwas unweigerlich Dialektisches inne. Nach einem zwischen Skandalen und Medienhysterien völlig vergeudeten politischen Jahr sehnte sich die österreichische Bevölkerung nach etwas Versöhnlichem. Am besten gleich nach der Vereinigung gewisser Pole, bevor es sich noch weiter polarisiere. Im Nachhall der Migrationskrise von

2015/16 waren Einwanderung, Asyl, Sicherheit einerseits sowie andererseits Klimapolitik im Windschatten des Phänomens Greta Thunberg die großen politischen Themen. Da an Kurz kein Weg vorbeiführte, während die Grünen den geschwächten Sozialdemokraten hinsichtlich Innovationskraft zunehmend den Rang abgelaufen hatten, konnte sich die Regierung auf positive mediale Berichterstattung der urbanen Meinungseliten stützen.

Auch in europäischen Medien wurde gefeiert, dass die über eine private Abhör-Aktion gestolperten EU-kritischen Rechtsnationalen nicht mehr Teil der österreichischen Regierung waren und eifrig darüber spekuliert, inwiefern die neuartige Koalition einen Modellcharakter internationaler Dimension abgeben könnte. In gewisser Hinsicht sollte es tatsächlich so kommen, nämlich insofern als die Bedeutung der klassischen Mitte-links- und Mitte-rechts-Parteien weiter rasant abnahm, wenn diese in ihren althergebrachten Programmen stur verharrten und sich nicht in wesentlichen Punkten grundlegend änderten. Kurz zuvor war eine Koalitionsregierung in Italien aus einer eher linken Anti-Establishment-Partei und Rechtspopulisten nur an den durch Umfragewerte beflügelten Allmachtsphantasien der letzteren gescheitert.

Dabei wähnten sich die Blöcke von Sozialdemokraten und Konservativen schon ganz sicher darin, sich auf EU-Ebene mit nur geringfügig unterscheidbaren Programmen die Macht langfristig wechselseitig aufzuteilen – ganz nach dem demokratischen Modell der USA, welche ihrerseits unter Präsident Donald Trump aus ihrer gewohnten Rolle fielen.

Hypermoral und Krise

Die Krise des westeuropäischen Parlamentarismus hatte verschiedene Erscheinungsformen. Infolge zunehmender Polarisierungen wurden Regierungsbildungen immer schwieriger und verschleppten sich immer mehr. Auf den Straßen ein dementsprechendes Bild: Monatelange heftige Proteste sogenannter „Gelbwesten" in Frankreich, welche den Abstieg der Mittelschicht sichtbar machten und für bessere Löhne und die Aufrechterhaltung von Privilegien in einem immer kompetitiver werdenden internationalen Umfeld eintraten. Diese wechselten sich ab mit Randalen perspektivloser Migranten, die man schon seit Jahrzehnten in schmucklosen Wohnsilos außerhalb der Städte ansiedelte. Vielerorts musste man sich nach langem Zögern eingestehen, dass nicht zuletzt die Einwanderung von Millionen junger Männer infolge des Syrien-Krieges die Vergewaltigungsraten in die Höhe schnellen ließ, das Leben unsicherer und das Wohnen teurer machte und dass sich die Integration der Neuankömmlinge mit Ausnahmen insgesamt sehr schwierig gestaltete. Aus Großbritannien, welches nicht zuletzt unter dem Eindruck der Migrationskrise aus der Europäischen Union austrat, schwappten Macht demonstrierende Umzüge von moslemischen Fundamentalisten auch auf das Festland herüber. Demgegenüber Protestbewegungen „gegen die Islamisierung des Abendlandes", während deren gescholtenes Schandmal Angela Merkel ihren angekündigten Rückzug als Parteichefin und Bundeskanzlerin nur in Raten vollzog. Ausgedehnte Streiks gegen Privilegienabbau standen außerdem zunehmend auf der Tagesordnung, wobei sie lediglich jenen doch immer weniger

Werdenden helfen sollten, die sich noch in einem kollektivvertraglich gesicherten Vollzeitjob befanden.

Vor diesem Hintergrund war es für die wohlstands- und harmoniegewohnten Generationen eine eher erfreuliche Abwechslung, dass in den „Fridays-for-Future"-Demonstrationen harmlos anmutende Schüler während der Unterrichtszeit gegen den Klimawandel auf die Straßen zogen. Die dialektische Umkehrung dabei: In der damals immer noch ganz gut zwischen rechts und links unterteilbaren politischen Landschaft wurde den Rechten Alarmismus, Hysterie und antiliberale Panikmache vorgeworfen, wenn sie vor Asylmissbrauch und Islamisierung warnten und dringlichen Handlungsbedarf einforderten. Nun orteten die Rechten „Klimahysterie" und totalitäre Züge in der von Greta Thunberg inspirierten Bewegung. Es waren zunächst eher leise Stimmen auf Seiten der alternativen Rechten, die zugute hielten, dass die jungen Menschen sich überhaupt über unsere Zukunft Sorgen machten. Ob nicht ein breiteres Unbehagen in der Kultur dem jüngsten Massenphänomen – noch implizit – zugrunde lag?

Der blinde Fleck der Klimabewegung bzw. der grüne Elefant im Raum war freilich dieser: Einerseits hatte die Menschheit in gut hundert Jahren fast die gesamten fossilen Energieträger in die Luft geblasen. Außerdem waren die Wachstumsraten der Weltbevölkerung weiterhin rasant im Steigen begriffen. Die damaligen Prognosen sahen bspw. für Afrika, ohnehin schon im Überbevölkerungs-Stress, bis 2050 eine Verdopplung der Bevölkerung auf 2,5 Milliarden voraus. Europa zählte schon lange zu den am dichtesten besiedelten Regionen der Erde, was nun zunehmend ins allgemeine Bewusstsein rückte. Wer Umweltschutz und Nachhaltigkeit für Erde und Menschheit will, konnte nicht dauerhaft das Problem des Bevölkerungswachstums aussparen – ein damals noch eher im Hintergrund schwebendes politisches Thema.

Die neue EU-Kommission unter der Merkel-Vertrauten von der Leyen budgetierte astronomische Summen für den Klimaschutz. Gleichzeitig trieb sie internationale Freihandelsabkommen, also die Erhöhung des interkontinentalen Warenverkehrs munter voran. Damit enthob sich die Union der Möglichkeit, auf die größten Verursacher von Treibgasemissionen auch nur wirtschaftlichen Druck auszuüben und zog sich zur Gewissensberuhigung ganz auf eine „Vorbildfunktion" zurück.

Der Münchner Philosoph Alexander Grau sagte um den Jahreswechsel 2019/2020 in einem Interview übertitelt mit „Moral ist unsere letzte Religion": „Ein wesentlicher Unterschied zwischen den alten und den neuen Eliten ist auch, dass die neuen eben keine kleine Gruppe mehr bilden. Manche Soziologen schätzen den Anteil der neuen Eliten an der Gesamtbevölkerung auf 20 und 25 Prozent. Das ist eine große Minderheit: das linksliberale, neubürgerliche, urbane Milieu der Kreativen, Flexiblen und Modernen. Diesen gegenüber steht eine mindestens ebenso große Gruppe, die die Welt anders sieht, die – in den USA etwa oder in Großbritannien – mit Donald Trump oder Boris Johnson sympathisiert. Beide Seiten machen den Fehler, sich selbst als schweigende Mehrheit zu betrachten. Doch das Konzept der Mehrheitsgesellschaft funktioniert so nicht mehr. Es gibt lediglich große Minderheiten, die Angst haben, von der jeweils anderen dominiert zu werden. Mit dieser Situation sind wir aktuell überfordert."

Die religiös aufgeladene „Hypermoral", wie Grau sie nennt,

toleriere vorzüglich die Diversität fremder Kulturen. Die Diversität und andere Wertvorstellungen in der eigenen Kultur würden demgegenüber moralisch diskreditiert: „Gerade im Milieu dieser neuen Eliten, der Kreativen und Fortschrittlichen, hat sich ein enges Bild von Zukunft breitgemacht. Dort geht man davon aus, dass sich global früher oder später ein universalistisches, linksliberales Weltbild durchsetzt. Abgesehen davon, dass das eine unglaubliche Verarmung wäre: Unsere pluralistische Postmoderne ist womöglich gar nicht das Ende der Geschichte, sondern eine Seitenstraße, die sich als Sackgasse erweist. Angesichts der Erregungszustände in westlichen Gesellschaften stellt sich ernsthaft die Frage, ob wir noch in der Lage wären, mit echten Krisen umgehen.“

Die Mehrheitsdemokratie, schließt Alexander Grau, würde wohl erst in einer umfassenden Krise, die freilich alle vermeiden wollen, wieder zu ihrer gewohnten Bedeutung gelangen. Daher gelte es, sich kulturpessimistisch „von der Fata Morgana der Konsensgesellschaft zu verabschieden und den Dissens zu organisieren.“

Verlust der Konsensgesellschaft

Die zersplitterte gesellschaftliche Situation musste die alten Eliten in den großen Volksparteien völlig überfordern – und die neuen Eliten nicht minder. Die verschiedenen Lager belauerten sich skeptisch und führten Schmutzkübelkampagnen, begleitet von einer gleichsam permanenten Medienhysterie.

Neuartige Koalitionen mit oder zwischen Parteien von links oder rechts außen konnten teilweise mehr Zuspruch auf sich vereinen als alte Modelle, scheiterten aber auch vielfach. Die jeweils Unterlegenen bastelten am Aufbau ihrer Parallelgesellschaften und warteten auf eine neue Chance des Mitregierens. Die Schwäche vieler ehemaliger Systemparteien ließ es nicht mehr zu, andere Parlamentsparteien dauerhaft auszugrenzen.

Außerdem sah man sich nun einem ganz anderen Phänomen gegenüber: Die Etablierung ethnischer bzw. religiöser und auch fundamentalistischer Parteien, die bestimmte Zuwanderergesellschaften exklusiv ansprachen. Diese drängten nicht in die politische Mitte und versuchten oft gar nicht, besonders anknüpfungsfähig zu sein. Sie konnten sich gut ausrechnen, ab welchen demographischen Verteilungen sie als Pressure-Group von dezidierten Partikularinteressen Chancen auf den Einzug in die Parlamente hatten. Mit wechselndem Erfolg wurde versucht, solche Parteien zu verbieten. Ironischerweise sind ethnisch-religiöse Parteien in Ländern wie Syrien schon lange verboten, um bürgerkriegsträchtige Polarisierungen möglichst hintanzuhalten.

Der Verlust der Konsensgesellschaft kann auch als Verlust der Nation beschrieben werden. In der zweiten Hälfte des 20. Jahrhunderts sah es kurz so aus, als ob diese auch als liberale Solidargemeinschaft von kulturell Ähnlichen bestand haben könnte, die sich trotz politischer oder gewisser Lifestyle-Unterschiede letztlich doch miteinander identifizieren konnten. All dies ganz ohne sich nach außen hin militärisch aggressiv zu verhalten.

Doch einst fühlte man sich darin allzu schnell allzu sicher und wollte sich mit der Global Community und all den interessanten Möglichkeiten und Unterschieden schneller vernetzen. Nicht ahnend, dass unsere Gesellschaft nie mehr sein werde, wovon bis dahin die meisten noch wie selbstverständlich ausgegangen waren. Der Nachhall währt aber nicht ewig.

Die Europäische Union bot sich als scheinbarer Kompromiss an: „Europäisch" zu sein erweitert schließlich das Identitätskonzept. Man glaubte, sich gleichzeitig zu befreien, seine Möglichkeiten zu vervielfältigen und zusätzlich kulturell aufgehoben zu sein. Die Union bot aber keinen Schutz in Zeiten der Globalisierung. Vielmehr wirkte sie als Katalysator für Entgrenzung und anschließender Partikularisierung von Sozietäten. Indem die später hinzugekommenen osteuropäischen Staaten die damit einhergehenden Verwerfungen in Echtzeit und längerfristig am lebenden Objekt studieren konnten, behielten sie sich vor, nicht alle im Westen beobachteten Phänomene vorschnell bei sich selbst zur Umsetzung zu bringen. Als wollten die Osteuropäer noch etwas länger die Moderne auskosten, sollte sich dieser Riss in weiterer Folge noch vertiefen.

Versuche der Rückgewinnung gesamtgesellschaftlicher Diskurse

In der ersten Hälfte der Zwanzigerjahre des zweiten Millenniums waren in Westeuropa also einige gewichtige lebensweltliche Faktoren versammelt, welche die Theoretiker der Postmoderne der Struktur nach schon vor Jahrzehnten skizziert gehabt hatten, die man sich aber doch viel weniger unangenehm vorgestellt hatte: Die großen, kollektiv sinnstiftenden Erzählungen fallen zunehmend weg, Zersplitterung und Partikularisierung der Gesellschaft, Relativierung von Werten.

Die Postmoderne hebt die Individuen aus dem Kontinuum der Zeit aber stärker heraus, was historische Metabetrachtungen begünstigt. So kam es gegen Mitte des Jahrzehnts zu einigen überraschenden Entwicklungen im öffentlichen Diskurs: Es betraten einige teilweise neue und jüngere Persönlichkeiten die Bühne, deren primäre Geste darin bestand, aus der medialen Dauerhysterie des tagespolitischen Gekreisches auszubrechen, um der gestressten, frustrierten und mitunter auch ratlosen Öffentlichkeit weitreichendere Betrachtungen und Verortungen anzubieten. Als Vorläufer derer könnten Philosophen wie Richard David Precht genannt werden, der seine eigene Zunft als weitgehend wertlos für die Erörterung der akuten Probleme unserer Zeit beschrieb. Aber auch Phänomene wie die Klimaschutzbewegung hatten neue, ungewohnt langfristige Denkräume eröffnet, die nun besetzt werden mussten.

Die Klimabewegung wurde häufig als Ersatzreligion bezeichnet. In vielen Aspekten ist sie das wohl auch – aber vielleicht hatte sie, ganz abgesehen von der deutlichen Mehrheit der Klimaforscher und dem Vorsichtsprinzip, einen über sich selbst hinausweisenden Sinn. Es drückte sich ein tiefer liegendes Unbehagen in der Kultur aus, dass es in dieser schnelllebigen Zeit mit den redundanten Schemata der älteren Generation so nicht weitergehen konnte.

In Zeiten zunehmender Krise musste man sich aufraffen, politische Dogmen auch dahingehend zu überprüfen, welche mitunter sehr langfristigen Auswirkungen auf das Gemeinwesen sie vorhersehbar tätigen könnten. Offenbar brauchte es zuerst die Klimadebatte, um zu erkennen, bzw. einen Diskurs darüber zu enttabuisieren, dass viele unserer Grundrechte – im Prinzip und in der Handhabe – allein auf ein derzeit existierendes Individuum abzielen und nicht auf zukünftige, sowie kaum auf jegliche Art von Kollektiven, wenngleich solche durchaus in UN-Regelwerken konkret benannt werden.

Auf diese Art institutionalisierten sich intellektuellere öffentliche Diskurse und Betrachtungsebenen, ausgetragen auf YouTube aber auch in Talkshow-Formaten, an denen viele teilhaben wollten, die bemerkten, dass es sich doch noch lohnte, in die Tiefe zu schürfen.

Immer leichter war es möglich, sich echte Expertise über Fernkurse aus dem Internet anzueignen. Eine Zeit der unabhängigen Experten brach an, die wechselseitig in konstruktivem Dialog standen und es gehörte geradezu zum Berufsethos, sich zu freuen und dem anderen zu gratulieren, wenn man einmal widerlegt wurde. Vielen gereichte zum Vorteil, dass sie viel interdisziplinärer ausgerichtet waren als übliche Universitätsabsolventen. Auf diese Art konnten sie Geschichte mit Geistes- und Naturwissenschaften auf eine mühelos erscheinende Art verbinden. Der Zeitgeist förderte einige besondere Begabungen auf diesem Gebiet zutage.

Einer dieser Protagonisten spezialisierte sich beispielsweise darauf, schwer fassbare quantitative Verhältnisse anhand von Tabellen, extrapolierenden Modellen oder mitgebrachten Utensilien anschaulich zu machen. So stellte er etwa die Entwicklung der Hominiden-Evolution seit dem Cro-Magno-Menschen und die Anzahl der jeweils lebenden Individuen den wenigen Jahrtausenden seit der Urbanisierung und der Massengesellschaften gegenüber. Er machte dadurch wiederholt deutlich, wie extrem jung unsere Zivilisation sei in Anbetracht des Potenzials unseres Lebensraums Erde. In weiterer Folge konnten Aspekte der Verhaltensforschung, Probleme der Demographie und Überbevölkerung, des Ressourcenverbrauchs oder die Auswirkungen politischer (Fehl-)Entscheidungen in Computermodellen simuliert werden.

Populär wurde bspw. die These, dass schwerwiegende politische Fehlentscheidungen zu einem derart frühen Zeitpunkt, sofern man nämlich Jahrzehnte, Jahrhunderte, Jahrtausende, Millionen oder gar Milliarden Jahre für das potenzielle Habitat veranschlagt, viel schwerwiegendere gesellschaftliche Konsequenzen haben als zu einem späteren Zeitpunkt, wenn die Dinge quasi schon besser austariert sind. Vorzugsweise kreisten die Diskussionen um die ideale Anzahl von Einwohnern für ein bestimmtes Gebiet oder optimale regionale Wirtschaftskreisläufe, mitunter weit in die Zukunft projiziert.

Einige dieser Protagonisten bekamen eigene TV-Shows oder gründeten Think-Tanks mithilfe privater Spender und Mäzene. Es wurde geradezu modern, Sachverhalte, Ideen und Vorschläge auf ihren langfristigen Nutzen, ihr positives oder negatives Veränderungspotenzial und auf ihre Nachhaltigkeit hin genau zu überprüfen. Auf diese Art wurde auf das realpolitische Feld eingewirkt, wo so manch unausgegorene Idee unter den Augen der Öffentlichkeit rasch wieder zurückgezogen wurde, wenn nicht mit einem besseren Modell dagegengehalten werden konnte. So entfaltete sich ein neuartiger, wissenschaftsbasierter Diskurs über Politik und Gesellschaft, der von computergestützten Kommunikationsmedien und Interaktivität profitierte.

Es schien, als ob Europa erst jetzt über Expertisen verfügen würde, die bislang vielleicht in geheimen Labors von Supermächten, keinesfalls aber in Brüssel und schon gar nicht in den europäischen Hauptstädten oder deren Universitäten erörtert wurden.

International Communities ganz neuer Art

Für einige Entwicklungen und Regionen kamen diese Interventionen zu spät, um noch effektiv gegensteuern zu können. So konnte auch das vielbeschworene Grundgesetz der BRD nicht verhindern, dass sich in Deutschland und andernorts mehrere Zonen und später Regionen ausbildeten, die de facto autonom durch Vereine unterschiedlicher moslemischer Bekenntnisse verwaltet wurden. Man war durch verschiedene Methoden gezwungen, sich im Verhalten anzupassen, wenn man diese Zonen betrat. Auch andere ethnische Zonen prägten sich aus, die weniger restriktiv aber dennoch in ihrem kulturellen Akzent teilweise sehr bestimmt waren.

Irgendwie kannte man das schon aus den USA, vielleicht trug das amerikanische Kino sogar am meisten dazu bei, jene Entwicklungen zu begünstigen und viele fanden diesen Multikulturalismus, nunmehr im strengen Sinne, durchaus noch ganz gut. Wer Geld hatte, der wohnte ohnehin schon längst in gut bewachten Vierteln unter seinesgleichen.

Generell trat man in ein Zeitalter der allgegenwärtigen und vorrangig privaten Kontrollen ein: überall schwarz gekleidete Securities, Einlasskontrollen, Perlustrierungen, Metalldetektoren.

Unterdessen nahm die Zersplitterung der Gesellschaft entlang unterschiedlicher Wertvorstellungen, Lebensentwürfe und Lifestyles weiter zu. Weil es in den Städten zu stressig, mitunter ziemlich gefährlich und jedenfalls teuer wurde, zogen viele insbesondere junge Menschen aufs Land, mieteten ein Haus oder kauften einen alten Hof, um sich dort unter mehr oder auch weniger gelungenen Versuchen des teilweisen

Selbstversorgertums in vielfältigen kommunenartigen Formen anzusiedeln. Wenige arbeiteten Vollzeit, einige Teilzeit, weitere brachten andere Leistungen ein. Geräte und Kleidung wurden häufig gebraucht angeschafft, Tauschgesellschaften entstanden.

Zuerst gab es vor allem linksalternative, Studenten- und Künstler-Kommunen, dann feministische und LGBD, dann religiöse, angefangen von Freikirchen über esoterisch und neuheidnisch bis hin zu islamisch-fundamentalistisch. Es entstanden rechtsgerichtete und völkische Kommunen, die sich untereinander mitunter scharf abgrenzten. Zuletzt fanden Menschen ganz trivial – oder besser tribal – auf Basis ihrer vorhandenen Freundeskreise, ihrer ethnischen Zugehörigkeit oder ihrer ehemaligen sozialen Stellung in alten Bauernhöfen, abgewohnten Einfamilienhäusern und halb verlassenen Dörfern zusammen.

In Communities mit flachen Hierarchien sammelten sich besonders viele Frauen und Kinder. Gutmütige Männer lebten dauerhaft dort, andere waren fest entschlossen doch zogen nach wenigen Monaten wieder von dannen.

Aufgrund der Niederlassungsfreiheit in der EU kam es darüber hinaus zu einem Trend, dass auch diverseste internationale Communities sich quer über Europa hinweg ansiedelten, je nach bestimmten Kriterien oder auch nur je nachdem, wo noch etwas günstig zu haben war. Auf begehrte Lagen oder gut funktionierende Communities gab es einen regelrechten Ansturm, sodass solche Kommunen sich ihre Bewerber aus einem großen Pool aussuchen konnten. Es hieß etwa, man bekomme leichter noch einen ordentlich bezahlten Job, als von einer bestimmten Community aufgenommen zu werden.

Auf diese Art lebten die Leute sparsam, gleichzeitig nahm der Staat bei ihnen kaum Steuern ein, sodass sich die Bilanzen weiter verschlechterten. Die neue Art des Wohnens sorgte auch für viele Konflikte, nicht nur mit Ansässigen oder anders gesinnten Kommunen, sondern insbesondere mit Behörden, die dort immer mehr als Feindbild galten. Es kam häufig zu vielfältiger Bandenkriminalität, wobei Hausbesetzungen, Drogenproduktion und Drogenhandel, Schlepperei und illegale Prostitution eher zu den Kavaliersdelikten zählten. Die Polizei schritt meistens erst bei schwerem Raub und Schutzgelderpressung ein. Viele Kommunen horteten Waffen, sodass ein polizeiliches Vorgehen gegen sie gefährlich war. Alteingesessene organisierten wiederum Bürgerwehren, wenn sie sich von Kommunen unter Druck gesetzt oder bedroht sahen.

Osteuropäische Staaten erwirkten Ausnahmen von der Niederlassungsfreiheit bzw. Genehmigungspflichten, wobei sie auch mit einheimischen Bandenbildungen zu kämpfen hatten, die wiederum mit im Ausland lebenden vorrangig gleichsprachigen Communities gut vernetzt waren. Immer wieder und auch langfristig wurden innerhalb des Schengen-Raums Grenzkontrollen hochgezogen.

Überhaupt wurden EU-Grundprinzipien häufig hinterfragt und von mehreren Staaten zugleich ausgesetzt, so auch die Zollfreiheit auf bestimmte Warengruppen. Begründet wurde dies mit Argumenten hinsichtlich Umweltschutzes, dem Schutz der eigenen Versorgungssicherheit und auch mit protektionistischen Argumenten.

Ausblick

Entgegen anderen Zersplitterungen raffte man sich zum Schutz der EU-Außengrenzen zu einer immerhin weitgehend gemeinsamen radikalen strategischen Änderung auf. Allmählich wurde den meisten klar, dass die Union selbst einem erheblichen Überbevölkerungsdruck ausgesetzt war, dies nicht nur aufgrund der fortgesetzten ökonomischen Krise und der Schrumpfung des Arbeitsmarktes infolge der Digitalisierung und der Legionen schlecht Ausgebildeter. Einrichtungen der Infrastruktur und des öffentlichen Verkehrs stießen an ihre Grenzen. Der Individualverkehr war in vielen Regionen streng reglementiert.

Tourismus war zwar nach wie vor einer der wenigen sicheren Einnahmequellen. Die knipsenden Heerscharen aus aller Welt waren aber kaum noch zu bewältigen. Wer bis vor recht überschaubarer Zeit noch ganz normal in einer beschaulichen Altstadt gewohnt hatte, der wusste, dass es hier längst nicht mehr um ihn und seine geschätzten Nachbarn gehen konnte. Die Städte waren vollgestopft und übervoll.

Also schickte man sich unter dem Eindruck fortwährender Migrationsströme und mittlerweile Hunderttausender Tote im Mittelmeer an, die Genfer Flüchtlingskonvention in nur einem Punkt auf den status quo ante von 1967 zurückzuschrauben. 1967 war jenes Jahr, in welchem die GFK durch ein vorerst folgenloses Zusatzprotokoll erweitert wurde. Das ursprünglich in den 50er-Jahren für europäische Kriegsheimkehrer und Vertriebene konzipierte und zeitlich begrenzte Regelwerk sollte nun einerseits für alle Zeit und andererseits für alle Welt gelten. Nicht ahnend, dass man dadurch Jahrzehnte später eine Völkerwanderung per Nussschale über das Mittelmeer auslösen würde.

Durch die Aussetzung des letztgenannten Punktes betreffend Herkunftsländer stellte man eine auf den eigenen Kontinent begrenzte Flüchtlingskonvention her, die nur für europäische Asylantragsteller Gültigkeit entfaltete. Um nicht auf Einstimmigkeit aller Unterzeichnerstaaten zu warten, bediente man sich des diplomatischen Tricks, aus der GFK auszutreten, um daraufhin unter Einbringung obigen Vorbehalts wieder einzutreten. Gleichzeitig sicherte Europa seine Mithilfe bei der Etablierung und finanziellen sowie praktischen Umsetzung einer neuen Ordnung von Flüchtlingskonventionen der Kontinente und Weltregionen zu.

Die Afrikanische Union verfügte bereits schon länger über eine interne Flüchtlingskonvention. Analog dazu wurden in anderen Weltregionen entlang kultureller oder religiöser Ähnlichkeiten Vereinbarungen zum Flüchtlingsschutz gezimmert. Begründet wurde dies damit, dass die Integration in einem geographisch oder kulturell ähnlichen Gebiet wie der Herkunftsregion weit besser möglich sei. Außerdem sollte dies die Rückkehr in das Herkunftsgebiet nach Beendigung der Krise erleichtern.

Indem neu ankommende außereuropäische Asylsuchende in Europa nunmehr keinerlei Ansprüche außer der Erst- und Notversorgung hatten, versiegte nach Inkrafttreten abrupt der Migrationsstrom über das Mittelmeer und über andere Routen. Mithilfe der UNO wurden in ganz Afrika und später auch im Nahen und Mittleren Osten Flüchtlingszentren eingerichtet, viele dauerhaft. Einige derer schienen sich allmählich zu neuen urbanen Zentren auszuwachsen.

Zur Überbevölkerung hatte sich der Diskurs zwar sehr entwickelt, die UNO kam aber nur schrittweise voran. Man konzentrierte sich zunächst vor allem auf jenen durchaus großen Anteil von Frauen, die keinen weiteren Nachwuchs mehr wünschten und setzte auf Aufklärung, Emanzipation, Bildung und die Verteilung von Verhütungsmitteln. Keine Maßnahmen gegen die Bevölkerungsexplosion zu ergreifen, galt längst als unfreundlicher und aggressiver Akt, der sanktioniert wurde.

Gegen Manipulation und Klonen des menschlichen Erbguts, gegen neue am Horizont erscheinende Bio- Nano- und Antimaterie-Waffen wurden deutliche Verbote ausgesprochen.

Am Ende der Zwanzigerjahre des zweiten Millenniums war also alles noch da, allerdings teilweise ganz anders und viel ausgeprägter: Die UNO, EU-Institutionen, die Diskrepanzen mit den osteuropäischen Ländern, die Diskrepanz zwischen den neuen Eliten und den konservativen Alteingesessenen, die Zersplitterung der Gesellschaft in Kommunen und tribale Einheiten, welche von „denen da oben" gar nichts mehr wissen wollten. Einige Workaholics gingen sogar noch ihren Nine-to-Five-Jobs nach und machten Karriere.

Einzelne ganz große langfristige Probleme konnten – nach einer längeren Phase des Blindflugs – immerhin angegangen werden.

Das zerrissene Bild, das Westeuropa nun abgab, könnte freilich auch nur ein Durchgangsstadium gewesen sein und kein „Posthistoire". Andere Großmächte und expansive Religionsgemeinschaften lagen relativ gemütlich auf der Lauer. Als extrapolierte Problematik zeichnete sich ab, dass manche Communities, tendenziell fundamentalistische, aufgrund ihrer natürlichen Reproduktion viel schneller anschwollen und sich ausbreiteten als andere.

Am Ende des Jahrzehnts entstand eine Patt-Situation zwischen den divergierenden Interessen. Stärkere Partikularisierung, stärkere Regionalisierung, Re-Nationalisierung, Bündnisse von Staatengruppen, ordoliberale, doch straff bis autoritär geführte EU-Zentralisierung, alle wussten gute Argumente auszubreiten, ohne Mehrheiten hinter sich zu versammeln.

Michael Brückner

Spielball im Kalten Krieg der Technologie: Wie die EU die Zukunft verschläft

Anfang der 1990er-Jahre reiste ich für ein paar Tage nach Helsinki, um schon einmal in der Praxis zu erleben, was wenig später unsere Kommunikationsgewohnheiten revolutionieren und völlig neue Möglichkeiten eröffnen sollte. Während eines Mittagessens überreichte mir ein damaliges Vorstandsmitglied des finnischen Nokia-Konzerns ein knapp ein Pfund schweres Handy, das aber immerhin deutlich handlicher war als der sogenannte Motorola-„Knochen". Mit diesem Nokia-Handy führte ich mein erstes Mobilfunkgespräch – von Finnland nach Deutschland – in erstklassiger Qualität. Was mich persönlich damals noch sehr faszinierte, war auf den Straßen der finnischen Metropole längst Alltag: Die Menschen konnten mobil telefonieren und unterwegs angerufen werden. Öffentliche Fernsprecher wurden in kurzer Zeit zu Auslaufmodellen. Mit Nokia und dem schwedischen Konkurrenten Ericsson waren damals zwei europäische Konzerne Platzhirsche auf dem Mobilfunkmarkt. Und heute, im Zeitalter der 5G-Technologie? Heute zittern Europäer und Amerikaner vor Samsung, Huawei und anderen asiatischen Konkurrenten.

Nur ein Beispiel dafür, wie Europa in den vergangenen Jahren und Jahrzehnten den Anschluss verpasst hat. Dass auch die einstigen mobilen Kult-Geräte der Marke Blackberry aus Kanada schon nach wenigen Jahren vom Thron gestoßen wurden, ist erstens kein Trost und zweitens nicht vergleichbar, denn die starke Konkurrenz erwuchs Blackberry zunächst nicht in China, sondern in den USA mit dem im Januar 2007 vorgestellten iPhone von Apple. Heute werden Blackberry-Geräte ebenso wie die Handys des französischen Alcatel-Konzerns in Lizenz von einem chinesischen Unternehmen hergestellt.

Europa droht den Anschluss zu verlieren

Derweil sprechen wir aber nicht mehr nur von Handys und modernen Smartphones, die schon für Kinder zur Grundausstattung zählen, sondern jetzt geht es um zukunftsentscheidende Themen wie Digitalisierung und Künstliche Intelligenz (KI). Inzwischen ist die EU größer geworden, die meisten Staaten haben eine gemeinsame Währung eingeführt, doch wurde Europa dadurch nicht mächtiger. Vielmehr droht es, gegenüber den USA und China den Anschluss zu verlieren. Deutschland und Europa spielten bei der Digitalisierung und der Künstlichen Intelligenz keine entscheidende Rolle, konstatiert der ehemalige deutsche Außen- und Wirtschaftsminister Sigmar Gabriel. Mehr noch: „Längst ist Europa zum Spielball in einem Kalten Krieg der Technologie 2.0 geworden"[55]. Eine bemerkenswerte Erkenntnis für einen Politiker, der selbst jahrelang im wirtschaftlich stärksten Land der EU hohe politische Staatsämter bekleidete – bis hin zur Position des Vizekanzlers. Warum ist das so, wo doch EU-Skeptikern immer wieder entgegengehalten wird, nur ein starker

[55] https://www.tagesspiegel.de/politik/kalter-krieg-der-technologie-usa-china-europa-das-digitale-ist-geopolitisch/25170328.html

wirtschaftlicher Machtblock, bestehend aus zurzeit 28 Mitgliedstaaten (vor dem angestrebten Brexit), könne mit den beiden Big-Playern USA und China auf Augenhöhe mitspielen. Das ist bei den zukunftsentscheidenden Themen zumindest derzeit erkennbar nicht der Fall.

Wird über die EU diskutiert, dann kommen in der Regel sehr schnell die bekannten, aber unbewiesenen Mantras ins Spiel. „Scheitert der Euro, dann scheitert Europa", behauptete etwa Angela Merkel auf dem Höhepunkt der Euro-Krise mit der Stetigkeit einer tibetanischen Gebetsmühle, um ihre Landsleute auf milliardenschwere Hilfen für die Krisenstaaten einzustimmen. Ein anderes Mantra lautet: Nur zusammengeschlossen in der Union sind die Europäer wirtschaftlich ein ebenbürtiger Konkurrent gegenüber den Vereinigten Staaten und China.

Davon kann keine Rede sein, wenn man die Entwicklung der vergangenen zweieinhalb Jahrzehnte Revue passieren lässt. Im Jahr 1995, also drei Jahre, nachdem ich im Hause Nokia mein erstes Mobilfunk-Gespräch geführt hatte, war die Wirtschaftsleistung der damals noch wesentlich kleineren und nicht mit einer gemeinsamen Währung verbundenen EU fünf Mal (!) größer als die der Volksrepublik China. Inzwischen sind die Chinesen im Jahr 2018 an den Staaten der Eurozone vorbeigezogen. Je nach Berechnungsmethode kann man darüber streiten, ob die Volksrepublik auch schon die Wirtschaftsleistung der USA eingeholt hat. Jedenfalls ist China bereits dabei, bei einigen digitalen Schlüsseltechnologien die USA zu übertrumpfen. Nach einer Untersuchung des Berliner China-Instituts Merics hat die Volksrepublik im Jahr 2018 zweieinhalb Mal so viele Patente angemeldet wie die USA. In die Quantenkryptografie – eine Verschlüsselung, die sich selbst durch den Einsatz von Quantencomputern nicht knacken lässt – investiert China zehn Mal so viel wie die Vereinigten Staaten[56]. Von den Europäern ganz zu schweigen. Und nicht zuletzt stammen sieben der zehn wichtigsten Batteriehersteller für E-Fahrzeuge aus dem Reich der Mitte.

Die EU – ein stark fragmentierter Markt

Sieht man von Handicaps wie der Brüsseler Bürokratie und der Überregulierung einmal ab, dann ist die in vielen Branchen mangelnde Wettbewerbsfähigkeit Europas vor allem darauf zurückzuführen, dass es sich eben nicht um einen kohärenten Wirtschaftsblock handelt, der seine Kräfte bündelt. Vielmehr stellt sich die EU höchst unterschiedlich und mit zahlreichen fragmentierten Märkten dar.

Schenkt man den Mainstream-Medien und weiten Teilen der Politik Glauben, dann ist die Euro-Schuldenkrise überstanden. Schaut man sich aber die offiziellen Zahlen von Eurostat an, dem statistischen Amt der EU, so wird schnell offenkundig, dass von einer Konvergenz in Sachen Haushaltsdisziplin keine Rede sein kann. Griechenland dürfte im Jahr 2020 noch immer eine Gesamtverschuldung von 167,4 Prozent des Bruttoinlandsprodukts (BIP) aufweisen. Das ist ohne Frage bedrohlich hoch, zumal der erlaubte Grenzwert der Gesamtschulden laut Maastrichter Vertrag bei 60 Prozent des BIP liegt. Immerhin würde – sollte sich die Prognose bewahrheiten – der griechische Schuldenberg im Vergleich mit den

[56] Quelle: https://www.fr.de/wirtschaft/china-fuehrungsmacht-12149277.html

Vorjahren leicht sinken. Noch ernster stellt sich die Situation in Italien dar. Dort steigt die Schuldenlast weiter und dürfte im Jahr 2020 über 135 Prozent liegen, bei einem Wirtschaftswachstum von nur 0,7 Prozent[57]. Ganz anders die Situation in Irland, das vor einigen Jahren ebenfalls zu den Krisenländern der Euro-Zone gehörte. Für die „grüne Insel" wird 2020 ein Wirtschaftswachstum von 3,4 Prozent erwartet (Deutschland 1,5 und Österreich 1,6 Prozent).

Dass schon seit Jahren mit Sorge auf Italien geblickt wird, ist naturgemäß der Tatsache geschuldet, dass es sich um die viertgrößte Volkswirtschaft der EU handelt – nach einem vollzogenen Brexit sogar um die drittgrößte, keinesfalls vergleichbar mit Griechenland. Und es sind nicht nur die Staatsschulden, die Sorgen bereiten. Vielmehr siechen einstmals große und international angesehene Industrieunternehmen vor sich hin. Die Alitalia, früher der ganze Stolz der Italiener, eine Airline, mit der sogar der Papst fliegt – sie konnte bisher nur mit über einer Milliarde Euro aus der Steuerkasse am Leben erhalten werden. Selbst der renommierte Reifenhersteller Pirelli fiel weit hinter seinen deutschen Mitbewerber Continental zurück. Und das Traditionsunternehmen Fiat flüchtete in Fusionsverhandlungen mit dem französischen Hersteller Peugeot, nachdem die geplante „Ehe" mit Renault zuvor gescheitert war. Derweil lassen Brüssel und Politiker/innen wie Angela Merkel gegenüber Italiens Schuldenpolitik Milde walten. Streng gibt man sich offenkundig nur, wenn in Rom angebliche „Rechtspopulisten" wie Salvini regieren.

[57] Quelle: Eurostat/EU-Kommission, zitiert nach www.tagesschau.de/wirtschaft/wirtschaftsdaten104.html

Ausgebremst – die deutsche Automobilindustrie

In Deutschland, der größten Volkswirtschaft der EU, geht die traditionell sehr starke Automobilindustrie, oftmals als Rückgrat der deutschen Wirtschaft apostrophiert, schwierigen Zeiten entgegen. Mindestens 100.000 Jobs könnten auf dem Spiel stehen – vor allem auch bei den Zulieferern. Im Jahr 2018 arbeiteten in Deutschland rund 833.000 Menschen bei den Autoherstellern, weitere 340.000 bei den Zulieferern und 441.000 im Autohandel. Das Center for Automotive Research (CAR) sagt für die nächsten zehn Jahre den Verlust von über 100.000 Jobs voraus.[58]

Das Nachbarland Frankreich wiederum bleibt mit einem Schuldenstand von über 97,2 Prozent und einem Haushaltsdefizit von 3,1 Prozent im Jahr 2019 nach wie vor einer der Schuldensünder in der EU.

Dass nicht schon längst wieder eine neue Finanzkrise ausgebrochen ist, liegt an der höchst umstrittenen Zinspolitik der Europäischen Zentralbank (EZB) und an deren nicht minder umstrittenem Anleihenkaufprogramm. Diese Zinspolitik lässt in zunehmendem Maße Zombieunternehmen und Zombiestaaten entstehen. Als „Zombies" werden Unternehmen bezeichnet, die schon seit mindestens zehn Jahren am Markt und seit drei Jahren nicht mehr in der Lage sind, die Zinslast für aufgenommenes Fremdkapital aus ihrem Gewinn zu bestreiten. Nach Schätzungen von Creditreform gab es allein in Deutschland im Jahr 2019 rund 180.000 Zombieunternehmen, vor allem in Nordrhein-Westfalen.

---

[58] https://zdf.de/nachrichten/heute/protest-in-stuttgart-gegen-stellenabbau-wie-steht-es-um-die-autobranche-102.html

Besonders krass fallen die ökonomischen Unterschiede innerhalb der EU ins Auge, wenn man die Lebensverhältnisse in den Mitgliedstaaten vergleicht. Das Großherzogtum Luxemburg (rund 2.600 Quadratkilometer) ist nach Malta (316 Quadratkilometer) das kleinste Mitgliedsland der Europäischen Union. Trotzdem erwirtschaftet es ein deutlich höheres Bruttoinlandsprodukt als Bulgarien mit seinen rund sieben Millionen Einwohnern.

Auch mit Blick auf die Leistungsbilanzen könnten die Unterschiede kaum größer sein. Bei dieser Gegenüberstellung von Exporten und Importen erwirtschaften Staaten wie Deutschland und die Niederlande Überschüsse in einer Größenordnung von sieben beziehungsweise zehn Prozent des Bruttoinlandsprodukts. Frankreich aber schreibt Defizite, ebenso wie Portugal und Griechenland.

Das „Kolumbien Europas" ante portas

Obwohl die Europäische Union flächenmäßig der kleinste der drei Wirtschaftsblöcke ist (USA und China jeweils knapp zehn Millionen Quadratkilometer, EU rund 4,4 Millionen), liegen zwischen den einzelnen Mitgliedstaaten oft Welten. Von den 24 unterschiedlichen offiziellen Sprachen einmal ganz abgesehen.

Im „Wartezimmer" der EU befinden sich unterdessen die Beitrittskandidaten Albanien und Nordmazedonien. Selbst wenn es noch eine Reihe von Jahren dauern dürfte, bis diese Westbalkanstaaten die EU-Vollmitgliedschaft erlangen, ist perspektivisch jedoch von einer weiter zunehmenden Fragmentierung der EU auszugehen. Albanien gilt als Drogenparadies und das „Kolumbien Europas". Der Staat gehört weiter zu den ärmsten Ländern Europas. Das Pro-Kopf-Einkommen betrug im Jahr 2017 nach Angaben des Finanzministeriums rund 4.000 Euro. In absoluter Armut (Pro-Kopf-Einkommen unter 60 USD/Monat oder weniger als 2,5 USD/ Tag) leben sieben Prozent der Bevölkerung (Angaben der Weltbank). Die Arbeitslosenrate liegt offiziell bei 14 Prozent[59], dürfte indessen aber deutlich höher sein.

Nordmazedonien wiederum müsste nach Einschätzung internationaler Experten in den nächsten Jahren ein Wachstum zwischen sechs und neun Prozent p.a. erwirtschaften, um ein halbwegs EU-kompatibles ökonomisches Niveau zu erzielen[60]. Während es also stärkere Volkswirtschaften wie Großbritannien aus der EU drängt, könnten in ein paar Jahren neue „Armenhäuser" hinzukommen. Dass eine zunehmende Divergenz der Volkswirtschaften die Wettbewerbsfähigkeit eines Wirtschaftsblocks im Ganzen nicht fördert, liegt auf der Hand.

Aber man muss nicht unbedingt Statistiken mit ihrer oftmals durchaus beschränkten Aussagekraft zitieren, um auf die ökonomischen Achillesfersen der EU zu verweisen. Besonders eindrucksvoll war die Präsentation eines US-amerikanischen Start-Up-Investors im Frühjahr 2019 in der Wiener Hofburg. Er präsentierte die Unternehmen mit dem höchsten Börsenwert. Zuerst die US-Konzerne Apple, Amazon und Alphabet (Google), dann Asien mit der Alibaba Group (dem chinesischen Amazon-Konkurrenten), Samsung und Tencent Holdings (chinesischer Internetkonzern). Nach diesen Giganten kamen die Europäer mit

[59] https://www.auswaertiges-amt.de/de/aussenpolitik/laender/albanien-node/wirtschaft/216250
[60] https://skopje.diplo.de/mk-de/themen/wirtschaft/-/2065360

ihren Platzhirschen SAP, Spotify und Wirecard. Im Vergleich mit den Riesen aus den USA und Asien nahm sich deren Börsenwert mehr als bescheiden aus.

Die ebenso nüchterne wie ernüchternde Erkenntnis: In Sachen Software und IT ist Europa inzwischen hoffnungslos abgehängt. Auch was die Künstliche Intelligenz angeht, von der das britische Wirtschaftsmagazin „Economist" schreibt, sie sei für die Zukunft genauso wichtig wie andere grundlegende Technologien, etwa Elektrizität oder die Dampfmaschinen, drohen die Europäer den Anschluss zu verlieren. Längst räumen Politiker mehr oder minder kleinlaut ein, dass die erste KI-Generation, bei der es vor allem um Produkte für den Konsumenten geht, fast ausnahmslos in den USA und Asien produziert werde. Jetzt geht es um die industrielle Nutzung; sprich: um die Vernetzung von Maschinen, Fabriken und ganzen Wertschöpfungsketten. Ob die Europäer hier in nennenswertem Umfang Boden gutmachen können, bleibt abzuwarten.

Europa wird zunehmend abhängiger

Auch in der Mikrosystemtechnik und der Mikroelektronik könnte Europa zunehmend abhängiger werden von den USA und Asien, warnte im Herbst 2019 der deutsche Technologieverband VDE.[61]

Und das hat fatale Konsequenzen. Denn die Mikroelektronik ist die Schlüsseltechnologie der Digitalisierung – kein Computer, kein Auto, kein Smartphone und kein Elektrogerät funktioniert ohne sie. Deutschland zählte bisher zusammen

---

[61] https://www.vde.com/de/presse/pressemitteilungen/chip-industrie-europa-muss-offensive-starten

mit den USA und China zu den Weltmarktführern in der Mikroelektronik und Mikrosystemtechnik. Diese Position sieht der VDE in Gefahr. Die USA und China bauen ihre Entwicklungs- und Produktionszentren mit hohen staatlichen Subventionen stetig weiter aus und unterstützen damit aktiv den Aufschwung von Konzernen wie Google, Amazon, Alibaba und Tencent. Der Marktanteil europäischer Hersteller an Elektronikprodukten nimmt dagegen in vielen entscheidenden Zukunftsmärkten ab. Im Jahr 2019 lag der europäische Anteil an der globalen Chipindustrie bei rund sechs Prozent. Noch 2013 sprach Brüssel davon, den Weltmarktanteil von damals zehn auf 20 Prozent zu verdoppeln. „Wettbewerbsfähigkeit hängt von der Innovationskraft ab. Wer wenig in Forschung und Entwicklung investiert, kann keine großen Durchbrüche oder Innovationssprünge erzielen", stellt VDE-Präsident Gunther Kegel goldrichtig fest.

Vor diesem Hintergrund erscheint eine Mitte 2019 veröffentlichte Untersuchung des International Institute for Management Development (IMD) in Lausanne äußerst interessant. Auch die dortigen Experten konstatierten eine rückläufige internationale Wettbewerbsfähigkeit vieler europäischer Staaten. Demnach tun sich immer mehr Länder zusehends schwerer, im globalen Wettbewerb zu bestehen. Im internationalen Wettbewerbsranking rutschte Deutschland 2019 vom 15. auf den 17. Rang. Auch die Niederlande und Dänemark verschlechterten sich, obgleich beide Länder nach wie vor zu den Top Ten der wettbewerbsfähigsten Staaten zählen. Deutlich an Wettbewerbsfähigkeit gewonnen hat hingegen Irland, das von Rang 12 auf Rang 7 aufstieg.

Small ist beautiful

Besonders interessant ist jedoch ein Blick auf die Spitze dieser Performance-Liste. Sowohl der Weltmeister als auch der Vizeweltmeister in Sachen Wettbewerbsfähigkeit kommen aus Asien: Singapur (Platz 1) und Hongkong (2). Auf Rang 3 folgen die USA. Allerdings ließ sich zum Jahreswechsel 2019/2020 noch nicht abschätzen, wie sich die im Jahr 2019 zunehmend eskalierenden innenpolitischen Unruhen in Hongkong auf die Wettbewerbsfähigkeit der Sonderverwaltungszone auswirken werden.

Doch welches europäische Land kann mit diesen Spitzenreitern eigentlich noch mithalten? Die Antwort mag manchen überraschen – andere jedoch nicht: Es ist die Schweiz, die bekanntlich nicht der EU angehört und weiterhin auf den bewährten Franken setzt. Die Eidgenossen verbesserten 2019 ihre globale Wettbewerbsfähigkeit weiter und landeten auf Platz 4, gleich hinter den Vereinigten Staaten. Neben der soliden Verfassung des Staatshaushaltes, der Stabilität der Währung und der starken Zunahme angemeldeter Patente trug vor allem die hohe Qualität der Infrastruktur zu dieser guten Bewertung durch das IMD bei[62]. Singapur, Hongkong und die Schweiz – vielleicht stimmt die Devise ja doch: Small is beautiful.

Zumal die Schweiz auch ein anderes Ranking anführt: Die Alpenrepublik stand im Jahr 2019 auf Platz 1 des Globalen Innovation Index, der gemeinsam von der World Intellectual Property Organization (Wipo), der Wirtschaftshochschule Insead und der Cornell University berechnet wird. Analysiert werden dabei 129

[62] https://www.nzz.ch/wirtschaft/europa-verliert-gegenueber-asien-an-wettbewerbskraft-doch-die-schweiz-trotzt-diesem-trend-ld.1485214

Länder, die zusammen 92 Prozent der Weltbevölkerung und 97 Prozent der globalen Wertschöpfung abdecken. Auf Rang 2 folgt Schweden vor den USA, den Niederlanden und Großbritannien. Deutschland belegte Platz 9, knapp hinter Singapur und vor Israel[63]. Die Top-Bewertungen der Schweiz beweisen immerhin: Ein Land muss nicht unbedingt der EU angehören, um international erfolgreich zu sein.

---

[63] https://de.statista.com/statistik/daten/studie/524109/umfrage/top-10-laender-nach-dem-global-innovation-index-weltweit/

Andreas Tögel

Bargeldabschaffung: Auf dem Weg zum totalen Staat

Roman und Realität

An dystopischen Phantasien und daraus resultierenden Romanen und Filmen besteht seit vielen Jahrzehnten kein Mangel: „Schöne Neue Welt" (Aldous Huxley, 1932), „1984" (George Orwell, 1949), „Matrix" (Brüder Wachowski, 2000) und die groteske Filmkomödie „Idiocracy" (Mike Judge, 2006), bilden nur eine kleine Auswahl.

Orwells sinnfälliger Weise im Jahr 1984 mit John Hurt in der Hauptrolle verfilmter Roman 1984, ist der wohl berühmteste und zugleich einer der bedrückendsten Vertreter dieses Genres. Was die Realität Europas im Jahre 2030 angeht, unterscheidet die sich von Orwells Romanvorlage hauptsächlich durch die technischen Möglichkeiten, die der mächtigen Zentralbürokratie der Union und den zu subalternen Ausführungsorganen verkommenen Provinzregierungen der mittlerweile aufgelösten Nationalstaaten zur Verfügung stehen. Von denen hatte der prominente Autor zu seiner Zeit naturgemäß noch keine Vorstellung.

Spätestens seit dem Vertrag von Maastricht, beschreitet die einst freiheitlich verfasste Alte Welt den Weg in den bürokratischen Totalitarismus mit immer größerer Entschlossenheit und mit immer höherer Geschwindigkeit. Diese Entwicklung war und ist, wie uns die arroganten Politoligarchen nicht müde wurden zu erklären, stets „alternativlos".

Die Möglichkeiten der modernen Elektronik geben der aus geist- und seelenlosen Technokraten gebildeten Nomenklatura des Zentralstaates eine Machtfülle, von der die großen Diktatoren der Weltgeschichte nicht einmal zu träumen gewagt hatten. Jede verfügbare Technik wird zur Überwachung, Kontrolle und Lenkung der inzwischen weitestgehend entmündigten, geknechteten und gepeinigten Bürger genutzt. Das Privatrecht wurde faktisch längst abgeschafft. Es ist mittlerweile auch überflüssig geworden. Denn das Credo der 68er-Bewegung, wonach alles Persönliche politisch sei, hat sich seit einigen Jahren vollständig durchgesetzt. Heute gibt es im Leben der Insassen des europäiden Superstaates nichts mehr, das sich dem allsehenden Auge und der harten Hand des Leviathans entziehen kann. Selbst in den kleinsten Dörfern wurden inzwischen flächendeckend elektronische Überwachungsanlagen installiert, die, in Verbindung mit einer hochentwickelten Gesichtserkennungssoftware, jede Bewegung jedes Bürgers dokumentieren, der sich in ihrem Gesichtsbereich bewegt. Der mit allerlei Sirenengesang (wie dem von einer „erhöhten Sicherheit im Fall eines Unfalles") durchgesetzte, obligate Einbau aktiver Ortungssysteme in alle Fahrzeuge erlaubt es, in Verbindung mit der zentralen Erfassung aller Reisebewegungen in öffentlichen Verkehrsmitteln, jeden Schritt der Untertanen lückenlos zu kontrollieren. Nicht überwachte Rückzugsgebiete existieren – wie es auch in Orwells Romanvorlage der Fall war – nur noch in wenigen entlegenen Regionen des Imperiums, etwa in Wäldern und auf den Bergen.

Nichts Neues unter der Sonne

Wie schon unter der Fuchtel der Nationalsozialisten, der SED, der KPdSU oder in jedem anderen totalitären System, wurde die Justiz Eurolands zum hocheffizienten Werkzeug der Politik umgebaut. Die Gewaltenteilung – so es sie in der gelebten Praxis jemals gab – ist Geschichte. Zum Wohl der Bürokratie wurden alle seit der Aufklärung erzielten Errungenschaften wieder aufgegeben. Jede Form von politischer Opposition ist inzwischen rigoros kriminalisiert. Selbstverständlich ist – den leuchtenden Vorbildern Großbritanniens und Nordkoreas folgend – der private Waffenbesitz ausnahmslos verboten und steht unter drakonischen Strafdrohungen. Der Leviathan wacht eifersüchtig über sein Machtmonopol. Notwehr gilt als Selbstjustiz und wird entsprechend streng bestraft. Denken „outside the box" ist verpönt. Kants Wahlspruch „Sapere aude!" hat ausgedient. Der einflussreiche Vormärzpolitiker Metternich und sein nicht minder reaktionärer Polizeichef Sedlnitzky, hätten mit der europäischen Union des Jahres 2030 viel Freude gehabt.

Die Anfänge der fatalen Fehlentwicklung reichen zumindest bis in die Zeit der Entstehung einer ernsthaften regimekritischen Opposition in Deutschland ab 2015 zurück. Damals ließen die regierenden Blockparteien gegen eine rasch an Boden gewinnende politische Alternative nicht nur gewalttätige, linksextreme Chaoten von der Leine, die unter der euphemistischen Bezeichnung „Antifa" agierten, sondern auch eine ihr willfährige Justiz. Denn seit ihrem erfolgreichen Marsch durch die Institutionen, haben die 68er-Kulturmarxisten nicht nur die Medienszene, sondern auch das Rechtswesen unangefochten unter ihrer Kontrolle.

Auch alle privaten Gesundheitseinrichtungen wurden dem schwedischen Vorbild folgend, verstaatlicht, da den herrschenden Egalitaristen eine Zweiklassenmedizin inakzeptabel erscheint. Die nunmehr in staatlicher Hand befindliche Medizin leistet seither ihren Beitrag für die Stabilität der besten aller Regierungen: Dissidenten, welche die korrupte Justiz trotz heißen Bemühens keiner Verbrechen überführen kann, werden nunmehr prompt der Fürsorge der Psychiatrie überantwortet, wo sie ebenso rasch wie zuverlässig von ihrer staatsgefährdenden Paranoia querulans geheilt werden. Die 40 Jahre zuvor kollabierte Sowjetunion hatte dafür die Blaupause geliefert.

All das entbehrt innerhalb des repressiven Systems der EU-dSSR nicht seiner inneren Logik, denn wer sich zu dieser besten aller bekannten Welten kritisch äußert, muss entweder kriminell oder verrückt sein.

Sozialisten sind nur bedingt lernfähig

Natürlich haben die Europa beherrschenden Sozialisten in allen Parteien, unter welchem Label auch immer sie firmieren, aus den von ihnen in der Vergangenheit begangenen Fehlern ihre Lehren gezogen. Eine Verstaatlichung der Produktionsmittel, wie von ihren allesamt gescheiterten orthodoxen Vorgängern von Lenin bis Mao praktiziert, streben sie jetzt nicht mehr an. Es verhält sich vielmehr so, wie weiland unter den Nationalsozialisten, als zwar das Eigentum an den Betrieben formal nicht angetastet wurde, aber die Eigentümer praktisch entmündigt waren, weil man ihnen jedes Recht nahm, autonom über Art und Umfang ihrer Produktion, die Preise ihrer Produkte, oder über die zu zahlenden Löhne zu bestimmen. All diese Entscheidungen liegen nun in den Händen der sich allwissend dünkenden Brüsseler Zentralbürokratie.

Verbindliche Quoten für Frauen, Schwule, Transgenderpersonen, Behinderte, Rothaarige, Afrikaner, Radfahrer und Kurzsichtige, regeln die Belegschaftszusammensetzung. Bürokraten, die nie im Leben einen Betrieb von innen gesehen – geschweige denn, jemals einen geführt oder gar gegründet haben, und die niemals wertschöpfend tätig waren –, diktieren den zu ohnmächtigen Befehlsempfängern degradierten Unternehmern alle betriebsrelevanten Entscheidungen. In Europa herrscht eine zentrale Planwirtschaft von Brüssels Gnaden. Entsprechend sieht der Output aus, der seit einigen Jahren kontinuierlich sinkt, was zu immer härteren Verteilungskämpfen und wachsenden sozialen Unruhen führt. Die auf der Hand liegende und bereits tausendfach empirisch bestätigte Erkenntnis, dass staatlicher Wirtschaftsinterventionismus stets üble Folgen hat, wird von der politischen Führung ignoriert. Doch die Folgen dieser Ignoranz – die lassen sich nicht ignorieren.

Vorbei sind die Zeiten, da Wissenschaft dem Erkenntnisgewinn diente und um ihrer selbst betrieben wurde. Nie zuvor hat sie sich weiter von ihrem einstigen Credo einer ergebnisoffenen Forschung entfernt; jetzt ist auch sie ungeniert, wie zuvor schon die holde Kunst, der Kulturbetrieb und die Massenmedien, zur Hure der Macht verkommen. „Wes' Brot ich ess', des' Lied ich sing." Dieses schäbige Motto gilt im Wissenschaftsbetrieb spätestens seit der Jahrtausendwende nicht mehr nur für Sozial- und Geisteswissenschaften, sondern auch für die Naturwissenschaften und die Technik. Was den Zielen des Superstaats nicht dient, hat keinen Platz an steuerfinanzierten Universitäten und Hochschulen. Ob Klimaalarmismus, Gendergaga, Umverteilungsexzesse im Sinne der „sozialen Gerechtigkeit" oder Antiatomkraftreligion, stets finden sich Gelehrte, die sich als willfährige Apologeten noch so haarsträubender Regierungsprojekte hergeben.

Geld – ein ganz besonderes Gut

Ganz besonderes Augenmerk widmet die Obrigkeit, und zwar schon seit der Zeit vor ihrer totalitären Entartung, der Geldpolitik, die sie als Schlüsselelement zur Absicherung ihrer Herrschaft betrachtet. Intrinsisch werthaltiges Warengeld (z. B. Gold) war und ist jedem Etatisten ein Gräuel. Der bis ins Jahr 2030 wirkungsmächtige britische Ökonom John Maynard Keynes bezeichnete Gold einst gar als „barbarisches Relikt". Kein Wunder, ermangelt es doch der wunderbaren Möglichkeit zur unbegrenzten und faktisch kostenlosen Vermehrbarkeit zwecks schuldfinanzierter Politprojekte. Denn gerade die wird von Politikern und in den Zentralbanken werkenden Geldalchemisten am meisten geschätzt.

Fiat Money heißt das liebste Kind der spendierfreudigen Politikerkaste und ihrer Symbionten in Zentral- und Geschäftsbanken. Nachdem die Steuerschraube maximal angezogen und auch die Grenze der Verschuldungsmöglichkeiten erreicht ist, dient ungedecktes Papier- oder Giralgeld als Zaubermittel für die weitere Finanzierung von Brot und Spielen.

Der Wert und die Kaufkraft von Gold oder eines anderen Warengeldes „lebt" ohne schuldrechtliche Begründung. Das Metall (ein Stück Vieh, ein Scheffel Weizen oder ein Biberfell) repräsentiert einen Wert an sich. Das ist aus dem Blickwinkel der Regierung gesehen deshalb schlecht, weil sie darauf keinen, oder einen nur geringen Einfluss hat. Nicht umsonst wurde in den USA von der sozialfaschistischen Roosevelt-Administration anno 1933 der Goldbesitz unter Androhung drakonischer Strafen verboten (das Verbot wurde erst 1974 wieder aufgehoben). Weit gestreuter Goldbesitz hätte nämlich die Möglichkeit der Regierung stark eingeschränkt, die Währung im Sinne ihrer damals auf den herbeigesehnten Krieg gerichteten Politik nach ihrem Belieben zu manipulieren. Das rezente Papiergeld dagegen (und auch das nach seiner Abschaffung genutzte digitale Giralgeld) ist ein reines Schuldgeld. Es tritt zum größten Teil (etwa 90 Prozent) als Gegenwert zu einem aus dem Nichts geschöpften Kredit in die Welt. Das verleiht dem staatlichen Geldmonopol ungeheure Macht.

Eigentum macht frei

Eigentum, nicht etwa Arbeit – wie die Nationalsozialisten zynisch behaupteten – macht frei. Das war und ist jeder machtbewussten Zentralbürokratie naturgemäß zuwider, die jeden Kontrollverlust fürchtet, wie der Teufel das Weihwasser. Besonders die eigenständige Verfügungsmöglichkeit über Geld ist ihr ein Dorn im Auge. Denn aus Sicht der Führer ist es unumgänglich, die Bürger jederzeit und vollständig in der Hand zu haben, was am wirkungsvollsten sicherzustellen ist, indem man ihnen jegliche monetäre Unabhängigkeit nimmt. Folgerichtig wurde schon vor der Jahrtausendwende eine intensive Kampagne zur Verteufelung des Bargeldes lanciert, an deren Ende dessen Abschaffung stand. Wie immer, wenn es darum geht, den Bürgern ein unsinniges Projekt schmackhaft zu machen, wurden die Argumente für einen Bann des Bargelds von mittelbar oder unmittelbar steuerfinanzierten Technokraten und Intellektuellen geliefert, die in inniger Symbiose mit den regierenden Politkadern leben.

Unhygienisch sei sein Gebrauch, sein Besitz wäre stets mit dem Risiko von Verlust und Diebstahl verbunden und – vor allem – es leiste schließlich auch der organisierten Kriminalität Vorschub, so lautete das Urteil der Fachleute. Im Grunde würden nur Drogendealer, Waffenschieber, Mädchenhändler und Steuerbetrüger von der Existenz des Bargeldes profitieren. Ehrliche Bürger, die nichts zu verbergen haben, wären an anonymen Transaktionen ja überhaupt nicht interessiert. Die von prominenten Mainstream-Ökonomen wie Kenneth Rogoff diesbezüglich gelieferten Argumente, wurden vom Regime dankbar aufgegriffen, das zunächst – unter tatkräftiger Unterstützung der Massenmedien – jeden Besitz von Bargeld erfolgreich unter Generalverdacht stellte. Schließlich war es so weit: Da die Produktion von Münzgeld sogar noch erheblich teurer ist als die von Papiernoten, wurden auch sämtliche Münzen eingezogen. Selbst Bagatellbeträge können seither nur noch mittels des so ungemein bequemen und praktischen Plastikgeldes bezahlt werden.

Alle Macht der Regierung

Die Bargeldabschaffung liefert der Regierung bis dahin ungeahnte Möglichkeiten zur Kontrolle und Disziplinierung der Bürger. Selbst noch so gut organisierte Staatsspitzel-, Denunzianten- und Polizeitruppen könnten keine auch nur annähernd ver-

gleichbaren Resultate liefern. Denn parallel zu allen übrigen Maßnahmen, wurde auch eine vollständige Vernetzung sämtlicher
personenbezogenen Daten jedes einzelnen der bedauernswerten
Insassen Eurolands implementiert: Grundstücksbesitz, Wertpa-
pierdepots, Inhalte von Bankschließfächern, Spar- und Girokon-
ten, strafrechtliche und verwaltungsrechtliche Übertretungen,
Gesundheitsdaten und vieles mehr – alles per Mausklick abrufbar.
2030 ist es dem stets wohlmeinenden Hegemon daher beispielsweise möglich, Diabetikern den Erwerb von Süßigkeiten dadurch
zu erschweren, dass die Supermarktkasse die Zahlung einschlä-
giger Waren nicht akzeptiert. Auf dem Chip der Bankomat- oder
Kreditkarte sind mittlerweile nämlich auch alle Gesundheitsdaten
gespeichert, was es dem Großen Bruder erlaubt, bei jedem Ein-
kauf jedermann wirkungsvoll vor sich selbst zu beschützen.

Da Ortsveränderungen, gleich ob sie mit privaten Fahrzeugen
oder mit öffentlichen Verkehrsmitteln erfolgen, lückenlos erfasst
werden, können sie natürlich auch eingeschränkt oder ganz un-
terbunden werden. Für Kriminelle, vor allem aber für Regimekri-
tiker, sind damit schwere Zeiten angebrochen: Nicht nur der Kauf
einer Fahrkarte oder einer Tankfüllung, sondern auch der Erwerb
von Nahrungsmitteln kann – dem Ende des Bargelds sei Dank –
be- oder verhindert werden. Der Gebrauch von Plastikgeld mag ja
bequem sein – allerdings nur dann, wenn es dem Leviathan gefällt.
Ist das nicht mehr der Fall, wird es eng. Mangels Bargelds ist dann
selbst der Kauf einer Wurstsemmel oder von ein paar Litern Treib-
stoff nicht mehr möglich. Wer in dieser Lage über keine wirklich
guten Freunde verfügt (und die sind in derartigen Fällen erfah-
rungsgemäß recht spärlich gesät), blickt dem Hungertod ins Auge.

Die Flucht eines regimekritischen Abweichlers hat innerhalb Europas übrigens auch nicht viel Sinn, da ja von Lappland bis Malta und von Lissabon bis Riga dasselbe repressive Regime herrscht. Ein Dissident muss es daher bis zu einem Hochseehafen und dort als blinder Passagier auf ein nach Übersee fahrendes Schiff schaffen, um sich den Nachstellungen der Schergen Mordors – Pardon – Brüssels zu entziehen.

Zu späte Einsicht

Unter dem Eindruck der fatalen Folgen der Bargeldabschaffung, erkennen viele Bürger anno 2030 – also um mindestens 15 Jahre zu spät – die von ihnen in der Vergangenheit begangenen Fehler. Der unentwegte Gebrauch von Plastikgeld, der es der Regierung leicht gemacht hat, das Bargeld obsolet zu erklären, gehört dazu.

Kaum einer konnte sich in den ersten Jahren nach der Jahrtausendwende vorstellen, dass die geheiligte Demokratie, ohne dass sie formal eine wesentliche Veränderung durchlaufen hat, sich zu einem selbst die privatesten Lebensbereiche vollständig durchdringenden, anmaßenden und unduldsamen Monstrum entwickeln könnte, das nicht mehr länger dem Bürger, sondern nur noch sich selbst verpflichtet ist.

Geld ist geprägte Freiheit, meinte Fjodor Dostojewski in seinen „Aufzeichnungen aus dem Totenhaus" – und er hatte damit vollkommen recht. Selbst wer nur über ungedecktes Papiergeld verfügt, genießt eine gewisse Bewegungsfreiheit und die Möglichkeit zu anonymen Transaktionen. Hängt die Zahlungsfähigkeit jedoch von elektronischen Hilfsmitteln ab, wird im Falle technischer Pannen oder hoheitlicher Willkür rasch der Unterschied zwischen einem realen Gut und einer virtuellen Forderung deutlich.

Althergebrachte Weisheiten haben oft zeitlose Gültigkeit: „Nur Bares ist Wahres." Hätte eine breite Öffentlichkeit den seit der Jahrtausendwende immer weiter betriebenen Bestrebungen zur Bargeldabschaffung durch konsequente Vermeidung des Einsatzes von Plastikgeld eine klare Absage erteilt, wäre es ihr erspart geblieben, der Willkür des totalen Staates so absolut vollständig ausgeliefert zu sein.

Jürgen Pock

Der Kreisky-Komplex – Die Zukunft der Sozialdemokratie

Man kann der Sozialdemokratie ja so einiges vorwerfen, aber Geschichtsvergessenheit wohl kaum. Keine Partei sehnt sich so oft und weit weg von den Mühen der Realpolitik, je länger ihre Erfolge im historischen Nebel verschwinden. Kaum eine schöpft den Geschichtesud so gewissenhaft ab, bis sich nur mehr wenige verblasste Konturen zeigen. Rührt die SPÖ lange genug in ihrer traditionsseligen Biographie, bleiben vor allem die Umrisslinien eines Mannes übrig, dessen Strahlkraft seine Partei noch heute lähmt.

Der 1911 in Wien geborene Bruno Kreisky hat die Sozialistische Partei Österreichs neu kalibriert, das steht außer Frage, er gab einer Klassenpartei den Anstrich einer Staatspartei. Mit ihm hat die SPÖ letztlich ihren Kulminationspunkt erreicht. Und genau darin liegt für sie das eigentliche Problem verborgen. Die Partei verhält sich so, als gäbe es für sie keine Zukunft ohne die Kreisky-Vergangenheit, die Furcht vor Neuem ist so groß, dass sie sich dem Alten, dem Gebrauchten zuwendet und Secondhand-Politik macht.

Die Sozialdemokratie scheint den Stress ihres Niedergangs einzig mit dem sehnsüchtigen Blick in die gute alte Zeit bewältigen zu können. Dass sie von ängstlicher Vorsicht geplagt ist, zu

kraftlos für Visionen, fixiert auf ihre Tradition, erstaunlich unta-
lentiert, sich für das Kommende zu positionieren, ist auch keine
ganz neue Erkenntnis. Eigentlich gibt es sie ja gar nicht mehr so
richtig, die Sozialdemokratie, weder hierzulande noch sonst wo.
Also drängen sich Fragen auf: Hat sich die Partei zwangsläufig
mit ihrem Ende abgefunden? Was bleibt bis 2030 von ihr übrig?

Im Bann der Erinnerung

Die parteiinterne Rolle des Über-Ich füllte der linke Realist
Kreisky bereits zu Lebzeiten vollumfänglich aus. Daran hat sich
bis heute nichts geändert. Und gute Gründe dafür kann man genügend finden. Mit seiner Person verbindet sich die Erinnerung
an eine Aufbruchszeit, ein Gefühl der Wichtigkeit, das es heute
nicht mehr gibt. Aus einer Partei mit Visionen wurde ein Lager
für politische Burnout-Opfer, emotional erschöpft und zynisch
gegenüber den Nicht-Wählern.

Inzwischen löst der Parteiname bei den Genossen selbst nur
mehr nostalgische Regungen aus. Ihre zentrale Bezugsperson ist
und bleibt der längst Gewesene, ein unverzichtbarer Bestandteil
ihres Parteiwesens. Sie klammern sich an ihn, als gäbe es kein
Morgen.

Kreisky ist omnipräsent, nach wie vor dient der 1990 Verstor-
bene als innerer Emigrations- und Gedächtnisort, besonders
gern für abgemühte Parteinostalgiker. Er hält als Symbol für ver-
gangene Größe her, mit ihm lassen sich die schönen Stunden immer wieder nacherlebbar machen.

Man stelle sich nur den therapeutischen Sitzkreis in der Löwelstraße vor: Alte Kisten aus dem Parteiarchiv werden geholt,

vergilbte Bruno-Bilder herumgegeben, die Reminiszenz an eine im ungnädigen Zeitfluss versunkene Ära befällt die Gruppe. Magische politische Momente werden spürbar, gemeinsam tauchen die Schwelger ein in die Fantasieströme, ins Damals. Für einen Augenblick lang vergessen alle, dass er tot ist, der Bruno, und tot ist ja nur, wer vergessen wird.

Jedenfalls gibt man sich konservativ in der SPÖ. Seinerzeit, unter dem Vorzeigevorsitzenden, war alles besser. Aus seinem Andenken schöpft die Sozialdemokratie ihr erschlafftes Selbstvertrauen. Der Generaldirektorensohn aus sudetendeutscher Familie verkörpert die glücklichsten Zeiten. Und an diese klammert man sich.

Einerseits, weil gar nicht wenige Zweckoptimisten darauf hoffen, dass die Dauerkrise lediglich eine temporäre Laune der Geschichte ist, die man mit viel Geduld und festem Glauben aussitzen kann. Andererseits dient die Rückschau als Schutz, der die Psyche vor zu viel Grübeln bewahren soll. Außer Zweifel steht: Das Gewicht seiner politischen Errungenschaften drückt auf die Partei. Kreiskys Erbe legt sich wie ein zu eng geschnürtes Korsett um die SPÖ, der langsam die Luft zum Atmen fehlt.

Segen und Fluch

Der Langzeitkanzler hat die Partei im Laufe seiner 13-jährigen Regentschaft erfolgsabhängig gemacht, er hat sie permanent mit Glücksgefühlen verwöhnt. Mit ihm kam auch die Machtbetrunkenheit. Das seit Leopold Figl bestehende Dauerabo der ÖVP auf das Kanzleramt hat Kreisky aufgekündigt. Er schaffte im Jahr 1970 nicht nur Platz eins, er beendete die schwarze Soloregierung unter Josef Klaus. Außerdem wurde die Österreichische Volkspartei, die gewichtige Gestaltungskraft der Nachkriegsrealität, für lange Zeit aus dem Spiel genommen. Der SPÖ sicherte Kreisky drei Absolute en suite. Und ein Arrangement mit der Macht.

Es dauerte nicht allzu lange, da schnappte die Arroganzfalle zu. Die Posten waren bezogen, die Funktionäre gewöhnten sich an den Sonnenplatz. Und der Zeitgeist verhätschelte die Sozialisten. Kreisky hat seine Partei über die Jahre, gerade weil er sie von Sieg zu Sieg führte, eben auch in eine ausweglose Situation gebracht. 1983 drehte sich dann der Wind. Kreisky verteidigte bei der Wahl zwar den ersten Platz, verlor jedoch fünf Mandate und die absolute Mehrheit. Die unschöne Aussicht auf eine notwendige Koalition ließ ihm persönlich keine Wahl, er trat ab. Diesmal wirklich. Danach ging es recht rasch. In nur elf Jahren verdampfte die SPÖ auf knapp 35 Prozent.

Die positiven Nachwehen seiner Kanzlerschaft hielten noch an, zu tief hatte die Partei Wurzeln in der Republik geschlagen. Im Ausbau und später im Verwalten von Machtstrukturen wuchs die Sozialdemokratie über sich hinaus. Kanzlerpartei blieb sie auch nach Kreiskys Abgang, zu groß war der Stempel, den er der Republik aufdrückte. Erst Wolfgang Schüssel gelang es, die Weichen neu zu stellen, und das nach einem dritten Platz bei der Nationalratswahl 1999.

Ein taktisches Manöver mit den Freiheitlichen ließ Viktor Klima geschlagen zurück, auch seine Zeit war damit gekommen. Im Jahr 2008 rutschten die Roten dann erstmals unter die 30-Prozent-Marke, fast auf den Tag genau elf Jahre später bemühte sich die erste weibliche Vorsitzende, Joy Pamela Rendi-

Wagner, nach Kräften, die 20 Prozent zu unterbieten, sie scheiterte daran nur knapp.

Es war einmal eine Volkspartei

Das Dumme an der Realität ist, dass die Sozialdemokratie in ihrer eigenen lebt. Allerdings hat diese Realität nicht immer etwas mit der Wirklichkeit zu tun. Die Grenzen von objektiver Wirklichkeit und subjektiver Weltwahrnehmung sind für die Partei recht unkenntlich geworden, sie verhält sich dann doch irgendwie postfaktisch, hat man so das Gefühl.

Die über viele Jahre aufgebaute, vermeintlich lückenlose Mauer aus Argumenten, mit denen sich die SPÖ effektiv vor Selbstreflexion schützen konnte, ist nicht mehr das, was sie einmal war. Hinzu kommt, dass sich das Volk von der Volkspartei verabschiedet hat. Das einstige Rückgrat der Partei, das Proletariat, gibt es nicht mehr, es hat andere Sorgen, es hat sich zum Arbeitnehmer entwickelt, bestenfalls zum Klein- und Mittelbürger, der gut und gerne konsumiert. Die Verelendungstheorie zieht nicht mehr so richtig.

Umso paradoxer, dass die SPÖ von der heimischen Wohlstandszunahme so überhaupt nicht profitieren kann. Je besser es den Arbeitsnehmern geht, desto schlechter steht die sozialdemokratische Partei da. Diese historische Pointe lässt sich nicht übersehen: Jene politische Gruppierung, die dafür angetreten ist, sich für die Arbeiterinteressen einzusetzen, wird von eben jenen als überflüssig, nicht mehr zeitgemäß wahrgenommen.

Wohlverstanden: Die Sozialdemokratie war nie wirklich eine Partei des Proletariats, sondern immer nur eine für das Proletariat. Genau genommen war sie für die Armut, denn ohne Armut auch keine Geschäftsgrundlage. Daher ist es wenig verwunderlich, dass die Genossen weiterhin überall Armut entdecken und dagegen ankämpfen, unabhängig davon, ob es diese denn de facto gibt oder nicht.

Da niemand mehr so recht weiß, was Armut im Sozialstaat Österreich aber eigentlich bedeutet, wird die SPÖ kreativ und spielt mit Berechnungsmethoden, schafft neue Begriffe, spricht von Ausgrenzungs- und Armutsgefährdung, absoluter Armut, verdeckter Armut, relativer Armut, Kinderarmut, Altersarmut oder etwa Armut im Allgemeinen. Dem Einfallsreichtum sind da keine Grenzen gesetzt.

Seitenlange Armutsglossare geben darüber Auskunft, wie verelendet die Österreicher eigentlich sind. Sozialarbeiter, Pädagogen und zivilgesellschaftliche Aktivisten bestätigen dies periodisch, selten ohne Seitenhieb auf den Kapitalismus. Schade nur, dass trotz SPÖ-Einsatzes und staatlicher Rekordsummen, welche in die Wohlfahrt fließen, das Elend weiterwächst. Und zwar zügig, hört man auf die sozialdemokratischen Stimmen, die damit gleichsam zugeben, dass sie an ihrem hochgesteckten Ziel scheitern. Jedoch nicht ohne Lösungsideen: Es brauche mehr Steuern, mehr Geld für die Armutsindustrie, mehr Umverteilung sowieso. Alleine beim Wähler verhallen diese Vorschläge ungehört.

Also vielleicht doch die Volksnähe wiederentdecken, eine Rückkehr zu den proletarischen Wurzeln provozieren. Der wachsenden Entfremdung entgegenwirken. Nur die glaubwürdige Positionierung lässt halt Luft nach oben. Aus Erfahrung weiß man, dass sich rote Spitzenpolitiker einer bestimmten Qualität im

Auftritt verpflichtet fühlen. Es geht dabei nicht so sehr um Porsche, Rolex oder Côte d'Azur. Kaum jemand verlangt von ihnen, in der Armut zu leben, die sie selbst herbeidefinieren. Nur sollte das sogenannte Narrativ der Selbstpräsentation nicht total widersprechen. Und im Idealfall stimmen wenigstens die Resultate der politischen Arbeit.

Und so schließt sich der Kreis zu Kreisky: Kaum jemand verkörperte den gut situierten Großbürger so gefällig wie Bruno Kreisky. Er orderte Anzüge vom Wiener Nobelschneider, gönnte sich Maßschuhe im Wert eines damaligen Monatsgehalts, trug seine antike Taschenuhr an goldener Kette und wohnte in bester Villenlage. Nie wäre der eitle Kreisky auf die Idee gekommen, mit demonstrativer Bescheidenheit aufzufallen. Die meisten fanden auch nichts dabei, denn er lieferte, er war ein patenter Parteichef mit einem passenden Thema, seine Souveränität wirkte beruhigend. Genau das machte ihn für so viele wählbar. Und seine Amtsnachfolger eben nicht.

Weniger reden, mehr machen

Wer ihre Wähler sind, hat die Sozialdemokratie aus den Augen verloren. Es bleibt auch, mit Verlaub, wenig Zeit, sich um die Wähler und ihre Wünsche zu kümmern. Die ständige Beschäftigung mit sich selbst tut zwar im Moment ganz gut, macht aber müde und schadet auf Dauer. Die Seelenqual wird mit jeder weiteren Wahlniederlage auch nicht gerade geringer.

Die SPÖ benimmt sich wie einer dieser Wirtshausbesucher, der nach der Sperrstunde an der Bar sitzenbleibt und in Endlosschleife dieselbe Geschichte auftischt. Wie hart das Leben sei, wie undankbar die Menschen, es gäbe nichts Gutes mehr auf dieser Welt. Und die Schuld an allem, die sei jedenfalls bei den anderen zu suchen. Als Zuhörer ist man genervt von dem Gerede, dem lauten Gejammer. Und doch würde man am liebsten rübergehen, ihm auf die Schulter klopfen, Schuld und Sühne erklären, ihn wachrütteln, ihn an die frische Luft stellen, beim Ausnüchtern helfen: Weniger reden, mehr machen.

Dieser Schwätzer ist wie die Sozialdemokratie. Seit undenklichen Zeiten gekränkt, ratlos, überfordert, doch anscheinend nicht geschwächt genug, um etwas zu ändern. Die Partei sitzt nach jeder verlorenen Wahl da und beschwert sich entweder über die undankbaren Wähler, die nicht mehr wertschätzen, was die kollektive Kraft der Genossen einst bewirkt hat, oder über die anderen Parteien, die sie einfach nicht ausreden lassen. Dieselbe Erzählung, in Endlosschleife. Als könnte man damit die eigene politische Irrelevanz besser ertragen, oder einfach nur ein paar Monate gewinnen, interne Flügelkämpfe niederdrücken, negative Schlagzeilen besser beiseiteschieben.

Als letzter großer Trost bleibt der Gang ins Museum, wo sich die Geschlagenen hinter der Kreisky-Statue sammeln, kurz Luft holen und die Vergangenheit beschwören, die Suche nach der verlorenen Zeit weitertreiben. Es lockt der Ruf nach einem Macher wie Kreisky, der alles wieder gleichrückt.

Auf die Jahre gerechnet, ist so einiges durcheinandergekommen in der SPÖ. Eines aber ist stets gleichgeblieben: die Widersprüche. Solange es die Sozialdemokratie gibt, solange gibt es Lagerbildungen und Richtungsdebatten. Da gibt es das rechte Genossenlager, das heimatliche Gefühle bekundet, in Grenzen denkt und kein Problem hat, auch konservativere Linien zu ziehen. Machtpragmatisch und gemäßigt in der Auslegung des eigenen Weltbildes verziehen sich Vertreter dieser Fraktion in die politische Mitte und bemühen sich um ein bisschen Realitätsnähe.

Daneben stehen die Linksausleger und Ideologen, die Klassenkämpfer, auch die Jungsozialisten, die nicht ohne Marx-Reclamheft in der Jackentasche außer Haus gehen. Es gibt die Arrivierten, die Zirkel, die schon lange bestehen. Und es gibt Cliquen, die auf eine Rückkehr hoffen, auch Abgesägte, die noch eine Rechnung offen haben, liegen auf der Lauer, ebenso wie ambitionierte Neulinge.

Ganz egal, ob man die Gruppen in Traditionalisten und Bobos, Pragmatiker und Grundsatzorientierte, in Proletarier und Intellektuelle oder Flächenbezirkler und Innenstädter einteilt, die innere Zerrissenheit ist Teil der SPÖ und ihres Problems. Es geht um Programmatik, Themensetzung, aber auch um Führungspersonal und Rache.

Womit wir wieder bei Kreisky anstreifen. Es entbehrt nicht einer gewissen Ironie, dass er der Einzige war, der sich 1967 in einer Kampfabstimmung zum neuen Vorsitzenden wählen ließ. Danach war dann allerdings Ruhe, sein Wille geschah. Kreisky, der Unumstrittene. Sogar die rebellische rote 68er-Jugend vermochte er mit einer Einladung zu Wiener Schnitzerl und Vogerlsalat ruhigzustellen.

Wenn das Ende kommt

Zu Kreiskys Zeiten sprach niemand vom Siechtum der Sozialdemokratie. Die rote Sonne, die stand hoch. Der sozialistische

Spitzenpolitiker hat die SPÖ 1970 nach einem halben Jahrhundert des Wartens an die Macht gehievt. Kein Parteichef vor ihm wagte in Österreich eine Minderheitsregierung. Er war mutig, er war erfolgreich, die Sozialdemokratie wähnte sich dort, wo sie ihrer Meinung nach auch hingehörte: ins Machtzentrum. Kreisky war quasi der Papa Austriae. Chef auf einer Insel der Seligen.

Nach ihm drehte sich der Wind. Die Absolute war weg, auch daran mussten sich die Machthungrigen erst einmal gewöhnen, genauso an den Wählerschwund. Die SPÖ verzeichnete ab 1970 auf hohem Niveau durchgehend ein Plus, das änderte sich mit der Wahl 1983 plötzlich. Aus einem gemächlichen Abwärtstrend wurde eine Schussfahrt. Zur gleichen Zeit als Kreisky im Jahr 1983 abging, sagte Ralf Dahrendorf das „Ende des sozialdemokratischen Zeitalters" voraus. Orakelsprüche sind so eine Sache, aber ganz daneben lag der Publizist mit seiner These nicht. Dieser Auflösungsprozess der Sozialdemokratie wird seitdem in allen Schattierungen und in immer kürzeren Abständen modelliert.

Die Flaute zieht sich wie ein roter Faden bis in die Gegenwart. Auf Landes- wie auf Bundesebene ist die SPÖ nicht mehr der Rede wert. Es fehlt an Ideen, an Personal und an Geld. Die Konkursmasse definiert sich über eine zerstrittene und ausgeblutete Partei. Die allerletzten relevanten Machtbruchstücke liegen in Wien. Seit 1945 stellen die Roten durchgehend den Bürgermeister in der Bundeshauptstadt. Die Frage lautet, wie lange noch? Fällt die Sozialdemokratie in Wien, wird sie wohl liegen bleiben. Und der Trend deutet eher nicht auf einen äußerst spektakulären Befreiungsschlag hin. Von rechts kommt die türkise Volkspartei gefährlich nahe, von links drängen sich die Grünen heran.

Das sei betont: Mit dem historischen Stadtbonus und Kreisky als Rückenwind überblickten die Wiener Sozialisten im Jahr 1973 mit 60 Prozent stolz das politische Geschehen, die rote Festung Wien galt als uneinnehmbar. 2020 kämpfen die Genossen gegen die Halbierung an. Die Idylle im Karl-Marx-Hof ist Schnee von gestern.

Das Spannende an dieser Entwicklung ist, dass die Auswirkungen des sozialdemokratischen Destruktionstriebs in Echtzeit mitverfolgt werden können. Ein paar Zahlen dazu: 1979 führte Kreisky noch eine folgsame Herde von mehr als 720.000 Mitgliedern durch die Mühen des Lebens. 1990 waren es nur mehr 620.000. Zwischen 1990 und 2013 hat die SPÖ in Summe 400.000 Parteimitglieder verloren.

Seitdem gibt man sich in der Löwelstraße auskunftsscheu, aktuelle Mitgliederzahlen werden unter Verschluss gehalten, nicht einmal die eigenen Bezirksvorsteher werden eingeweiht. Klar, der Kollaps ist real, wird aber nicht ausgesprochen. Bei Bedarf gibt es Erklärungen, die wie ein Entschuldigen klingen: Verbindlichkeiten im Zeitalter der Individualisierung seien heutzutage nicht mehr gefragt, den Kirchen ginge es noch viel schlechter.

Und überhaupt falle die politische Sozialisierung über Milieus und die Familie praktisch weg. Kinder und Jugendliche würden sich nicht mehr im Verband Sozialistischer Mittelschüler tummeln, sondern lieber im Internet. Und dergleichen Floskeln mehr.

SPÖ, wohin?

Nüchtern betrachtet, steht der Sozialdemokratie keine allzu rosige Zukunft bevor. Nirgends in Europa. Wohin sie steuert, weiß sie selbst nicht. Sie treibt dahin, bis sie endgültig ganz kippt. Neue Wähler gewinnt diese Partei nicht mehr, selbst die eigenen Anhänger starren, gefragt nach dem Zustand der Sozialdemokratie, verlegen auf den Boden. Mitleid als Wahlmotiv. So nach dem Motto: Die brauchen ja jede Stimme zum Überleben.

Wohin also mit der Sozialdemokratie im Allgemeinen und der SPÖ im Konkreten? Soll sie sich an der großen weiten Welt orientieren, nicht am kleinen Mann, der ohnehin schon weitergewandert ist? Nicht wenige Genossen sehen sich als Vertreter einer geistig-kulturellen Bewegung mit internationaler Ausrichtung, in der Bürgerlichkeit und Akademikerlaune herrschen.

Oder soll die Partei nach links schwenken, die reine Lehre reinstallieren, mit utopischem Überschuss auffallen, ganz weit weg vom ökonomischen Notwendigkeitsdenken? Taugt der geistige Gang zurück ins 19. Jahrhundert? Muss sie sich eventuell grün anstreichen, um den Zeitgeist wieder besser zu treffen?

Was die SPÖ-Situation noch fataler macht: In dem ideologischen Spannungsfeld tummeln sich Funktionäre und Karrieristen mit verletzten Eitel- und Befindlichkeiten, die sich von Herzen gerne selbst bekämpfen. Proaktiv mit dabei: die Liesinger Partie, auch bekannt als Faymanns Racheengel, und die intellektuellen Quereinsteiger, auch bekannt als Bobo-Linke. Was sie alle miteinander vereint: Kommunikation, Stil und politische Methodik sind beschämend schlecht.

Lähmende Tabus

Bei all der Selbstzerfleischungsmanie fehlt der Sozialdemokratie Zeit und Muße, sich an ihre lähmenden Tabus zu wagen. Die drei bestimmenden Themen in aller Kürze.

An erster Stelle: die Migrationsfrage. Dieser tief schlafende Elefant wird seit geraumer Zeit ignoriert. Man schleicht um ihn herum, man will ihn auf keinen Fall wecken. Können Sie sich eigentlich noch an Werner Faymann erinnern? Er hatte als Kanzler die bis dato einzige konkrete SPÖ-Antwort auf die Masseneinwanderung: Die unter ihm praktizierte Türl-mit-Seitenteilen-Methode, also der legendäre Umgang mit dem Grenzzaun, der nicht Zaun genannt werden durfte. Sternstunden sehen anders aus.

Die Szenen in der Südsteiermark, als Menschenmassen die Grenze überrannten, hauptsächlich junge Männer, brannten sich ins kollektive Gedächtnis ein. Die zaudernde Politik der offenen Grenzen wurde gerade von den sozial schwächeren Schichten, die man ja vorgibt zu vertreten, nur verhalten gefeiert. Den Preis, welche eben jene letztlich für ungezügelte Globalisierung, Masseneinwanderung und Personenfreizügigkeit zu zahlen haben, sollte die Sozialdemokratie eigentlich kennen. Kulturelle Identitätsfragen und die Beheimatungsbedürfnisse der Menschen per se als reaktionären Schmafu abzukanzeln, war für die SPÖ auch nur wenig hilfreich.

Nun wissen wir, dass die SPÖ als Befreiungsbewegung der arbeitenden Massen eigentlich nicht mehr benötigt wird. Ihr Betätigungsfeld hat sich enorm eingeschränkt. Die eifrige Suche nach neuer Wählerschaft ist unvermeidlich. Das systematische Abschweifen in konfuse opferideologische Spielarten allerdings schon. Somit kommen wir zum zweiten Punkt: der Identitätspolitik.

Hier dominiert die Vorstellung, dass unsere Gesellschaft aus Opfergruppen und Tätern besteht. Im Fokus der linken Bemühungen stehen die Selbstbestimmung und Emanzipation der vermeintlich benachteiligten Gruppen gegenüber einer repressiv auftretenden Mehrheit. Die Sozialdemokratie auf der Suche nach den Superopfern sozusagen.

Großer Vorteil: In posttraditionell geprägten Gesellschaften will jeder ein Opfer sein. Und anders als früher herrscht das Opfer, es bekommt uneingeschränkt Aufmerksamkeit. Es hat immerzu recht, und es kann selbst entscheiden, ob es ein Opfer sein will oder nicht. Und ist man erst einmal Opfer, gilt es, diesen Status zu schützen.

Um die Traumatisierten also vor Mikroaggressionen zu verteidigen, bedarf es politisch korrekter Codes, die sich in sogenannten Triggerwarnungen, Sprachtabus und Euphemismen manifestieren, bestenfalls schafft man Rückzugsorte, die vor abweichenden Meinungen sicher sind. Und wer sich darauf spezialisiert, Benachteiligte zu entdecken, wird freilich immer neue Gruppen finden, die noch nicht oder noch nicht genügend protegiert werden. Der einzige Haken an der Sache: Wenn man sich zu intensiv mit dem Aufspüren origineller Minoritäten beschäftigt, vergisst man auf alles andere. Vor allem auf themenbezogene Politik. Die SPÖ kann davon ein Lied singen.

Und drittens der Klassiker: der Kampf gegen rechts. Die Linken haben die Jagd auf politisch Andersdenkende zu einem Volkssport erhoben. Jeder, der etwas auf sich hält, sollte daran teilnehmen. Denn so viele Rechte wie heute gab es noch nie. Und durch die vorsätzliche Gleichstellung der Begriffe rechts und rechtsextrem ist jeder Rechte auch ein potenzieller Nazi. Salvini, Orbán und Le Pen sind es allesamt, Trump sowieso, natürlich weite Teile der FPÖ und AfD, auch Boris Johnson zählt mittlerweile dazu. Bei Sebastian Kurz ist man sich noch nicht ganz sicher, tendenziell aber eher schon.

Durchaus praktisch: Damit erübrigt sich nämlich die Debatte, eine argumentative Kraftanstrengung ist nicht mehr notwendig. Das Gespräch endet, bevor es begonnen hat. Mit Bösen redet man schließlich nicht, wählen tut man sie schon gar nicht. Es soll auch schon vorgekommen sein, dass linke Funktionäre nach verlorenen Wahlen, konfrontiert mit der eigenen Zwangslage, die abmarschierten Wähler als antidemokratische Helfershelfer bezeichnet haben.

Der Wermutstropfen aus sozialdemokratischer Sicht: Die Strategie zieht nicht mehr. Sich auf inhaltlicher Tauchstation damit zu begnügen, gegen den Gattungsfeind zu mobilisieren, Rechte als rechtsextrem und somit als antidemokratisch zu diskreditieren, stoppt den Wählerschwund nicht, er vergrößert ihn vielmehr. Und ärgert die Leute, die sich selbst verunglimpft sehen. Demokratie ohne Diskussion funktioniert nicht, Demokratie bedeutet verbale Auseinandersetzung und freie Rede.

Was würde Kreisky tun?

Ob das mit der SPÖ noch etwas wird? Wahrscheinlich nicht. Der Glaube daran, dass alles besser wird, ist ja nicht mehr da. Schon gar nicht bei den eigenen Leuten. Wird die Partei 2030, wenn sich der Todestag ihres Übervaters Kreisky zum vierzigsten Mal jährt, noch immer oder schon wieder vom Neuanfang reden? Man muss kein gelernter Zeichendeuter sein, um zu ahnen, dass die dauerdepressive Note, welche die Genossen plagt, nicht weichen wird. Die Zeit heilt nicht alle Wunden. Die lustvolle Selbstknebelung an Kreisky, die wird auch bleiben.

Der gelebte Kreisky-Komplex, die hagiographischen Bekenntnisse seiner Parteierben sind ja durchaus nachvollziehbar, auch für Außenstehende, und ohne großen geistigen Aufwand erklärbar: Der Mann war halt imstande, Wahlen zu gewinnen. Wahrlich ein Exot.

So macht die Frage noch viel mehr Spaß, ob denn ein rematerialisierter Kreisky imstande wäre, sofern er sich dazu überhaupt begeistern könnte, die bedrohte Minderheit SPÖ vor dem Aussterben zu bewahren. Oder würde er auch zwecks mangelnder Kompatibilität seiner Person mit der zeitgenössischen Partei einbekennen: Sozialdemokratie, du hast deine Mission erfüllt. Bitte ein Abgang in Würde.

Hätte Kreisky eine Chance? Ein umfassend gebildeter Mensch, im Besitz von Originalität, der kommunikativ sattelfest und medial auf der Höhe der Zeit ist, immer. Er wäre wohl Influencer, ein eigenes Emoji wäre ihm sicher. Reichweite und Einfluss auch. Sein von Marotten und Eitelkeiten geprägter Auftritt in Zeiten der Totaltransparenz würde nach außen schrullig wirken. Auf Social Media würde er damit aber Klicks und Likes sammeln können. Eventuell wäre er in der Lage, diese auch in Wählerstimmen umzumünzen.

Wie sich sein inhaltlicher Kompass der Jetztzeit anpassen würde, lässt sich nur vermuten. Die Wahrnehmung der Wirklichkeit, mag sie noch so durchdigitalisiert und komplex daherkommen, wäre ihm zuzutrauen. Ebenso ein linker Pragmatismus, der sich dem Hausverstand nicht schon aus Gewohnheit vollends verschließt.

Wagen wir einen Zeitsprung ins Jahr 2030: Ein kleines Wahlkampfzelt irgendwo in Wien. Auf die Bühne treten Julia Herr und Max Lercher. Hinter ihnen großflächig das Parteilogo: Sozialistische Partei Österreichs. Darunter: Zurück zu den Wurzeln. Daneben: Kreiskys Konterfei. Überlebensgroß.

Das Führungsduo bittet um freiwillige Spenden. Seit der Parteiinsolvenz sei für die Sozialisten alles noch schwieriger. Man müsse jetzt als Kollektiv auftreten und für die sozialistische Transformation der Gesellschaft eintreten. Der materialistische und selbstsüchtige Kapitalismus gehöre endlich abgewürgt, die totale Umverteilung sei schicksalhaft. Nur keine Zweifel, Genossen: Der wahre Sozialismus sei noch gar nicht wirklich ausprobiert worden.

Ringsum Banner, auf denen in riesigen, blassroten Lettern geschrieben steht: „Österreich braucht ihn wieder. Unseren Bruno." Oder: „Keine Zukunft ohne Kreisky." Oder: „Lassen wir unseren Kreisky wiederauferstehen. Zusammen mit dem Sozialismus."

Der Sonnenkönig ist tot, lang lebe der Sonnenkönig.

Georg Zakrajsek
Ich bin kein Europäer!

Die Frage nach der Herkunft ist nicht rassistisch. Nicht einmal dann, wenn der Befragte ein Schwarzer ist. Denn – wenn ich einen solchen nach seiner Herkunft frage, wird er natürlich antworten, er sei Senegalese, Nigerianer, Äthiopier oder vielleicht gar Namibier. Und wenn wir schon in dieser Gegend sind, wird man vielleicht auch Ovambo oder Herero hören. Was er aber keinesfalls sagen wird: dass er Afrikaner sei. Die Nationalität, sein Volk, steht im Vordergrund, das ist seine Identifikation, aber keineswegs ist es der Kontinent.

Und genau so werden auch andere Befragte aus unserem Kontinent antworten, sie seien also Franzosen, Spanier oder Italiener und nicht etwa Europäer. Allerdings: bei den Deutschen bin ich mir nicht so sicher, die sind ja schon lange entsprechend erzogen. Seitdem das „Deutschsein" als Schande, als Makel empfunden wird, kann es wohl sein, dass diese bedauernswerten Leute sich als Europäer fühlen und nicht als Deutsche. Oder es zumindest so sagen. Aber mit der Verleugnung seines eigenen Vaterlandes wird es nicht besser, sondern schlimmer. Und ein guter Europäer – wenn es überhaupt einen solchen gibt – wird man auch nicht dadurch.

Ich bin früher viel gereist und habe mich in den Ländern, in denen ich mich auf die Frage nach meiner Herkunft als „Österreicher" oder als „Austrian" bezeichnet habe, bei einer entsprechenden Nachfrage oder einer Verwechslung mit Australien nicht die

Erklärung bei Europa gesucht. In den USA genügte meistens der Hinweis auf Schwarzenegger oder auf die Glock-Pistole, um die Sache endgültig zu klären. Swarovski ging auch noch in manchen Staaten. Das hat nicht nur in den USA, sondern auch in anderen Ländern funktioniert.

Der Hinweis auf die Lipizzaner oder auf Strauß-Walzer hat allerdings nie etwas dazu beigetragen, die Herkunft endgültig zu definieren, eher noch die Trapp-Familie. Und dass man in den arabischen Ländern noch immer mit der dort unverhohlen gezeigten Begeisterung für einen jetzt bei uns ungeliebten Landsmann konfrontiert worden ist, hat manchmal zu recht peinlichen Distanzierungsversuchen führen müssen.

Also: Europäer bin ich zwar, aber als Definition, als Identifikation reicht das nicht.

Das Grundproblem dabei ist natürlich, dass Europa auf eine griechische Sage zurückgeht, die aber als Stiftung einer Nationalität wenig geeignet ist. Eine nackte Königstochter auf einem geilen Stier ist weder heldenhaft noch heraldisch gut brauchbar. Der Name ist geblieben, das Märchen ist verschwunden. Kaum einer weiß das mehr. Ein einigendes Band daraus zu knüpfen, wurde nie versucht und hätte auch scheitern müssen. Und auf welchen Stier man die Merkel setzen könnte, weiß ich selber nicht.

In Europa haben daher immer viele Nationen nebeneinander gelebt, haben miteinander blutigste Kriege geführt, haben eigene Kulturen entwickelt, eigene Religionen und vor allem eigene Sprachen, die einer gegenseitigen Verständigung eher hinderlich als nützlich waren. Der Versuch mancher Wohlmeinender mit Esperanto ist gescheitert, das Englische hat gewonnen und es ändert nichts daran, dass uns gerade die Engländer verlassen werden. Die Chance für Deutsch als einigende Sprache ist vorbei.

Die allgemeine Erschöpfung nach den beiden großen europäischen Kriegen hat, wenn schon nicht Vernunft, so wenigstens Ruhe in diesen Kontinent gebracht. Dass dieser beendende Sieg auch von einer nicht wirklich „europäischen" Nation, den USA nämlich, mit großen Opfern gebracht werden musste, ist wieder bezeichnend, hat aber doch direkt zu einem „Vereinten Europa" nichts beigetragen. Nur sind die Ressentiments lange geblieben.

Leider haben viele auch bis heute nicht verstanden, dass der Eiserne Vorhang nicht nur eine Kerkermauer, sondern auch ein Schutzwall gegen den Kommunismus gewesen ist. Stalin wusste das und erst jetzt versteht man, warum Stalin den Sieg nicht wirklich feiern wollte. Und diese Erkenntnis dämmert manchen erst jetzt, jetzt wo klar wird, dass nicht die BRD die DDR übernommen hat, sondern die DDR die BRD.

Die Wirtschaft hat uns zum Beitritt gebracht, das ist aber vergessen

Es war aber nicht nur die Zeit, es war die Wirtschaft, es war die wirtschaftliche Vernunft, die an der Wiege des europäischen Gedankens gestanden ist. Der Kampf gegen eine unvernünftige, kostspielige Bürokratie, die Abschaffung von Wirtschaftshindernissen, wie Zöllen und Abgaben hat den Anstoß gegeben. Und diese Idee der Abschaffung von Zöllen, Passkontrollen und anderen schikanösen und sinnlosen Schranken hat schließlich den Ausschlag zum Beitritt vieler Länder zu dieser EU gegeben. Auch Österreich war hier dabei und auch ich habe – zugegeben hier mit viel frommer Hoffnung – für den Beitritt gestimmt.

Die Idee, zu einer Wirtschaftsunion zu gehören, die Vorteile einer solchen Union zu genießen und die nationale Identität zu bewahren, war verführerisch und hat daher viele, also auch die Österreicher verführt. Aber wie man erst jetzt erkennt, hat in Europa nicht die Freiheit, sondern die Bürokratie gesiegt.

Die Problematik liegt immer in der Größe einer solchen Organisation. Die USA haben das durch die recht starke Selbständigkeit der einzelnen Bundesstaaten vermieden und die Schweiz besteht von vorneherein aus äußerst kleinen und überschaubaren Einheiten und ist daher der EU nie beigetreten. Allerdings: die Versuche der EU über Schengen und andere Verträge die Schweiz in die Einflusssphäre der EU hineinzuziehen, werden nie enden und sind nur schwer abzuwehren, man denke nur an die Geldwäschebestimmungen.

Besonders deutlich wird das Phänomen der unbeherrschbaren Größe bei den kommunistischen Staaten, die an ihrer Größe, an ihrer menschenverachtenden Brutalität und natürlich auch an ihrer wirtschaftlichen Unfähigkeit gescheitert sind und – was von ihnen noch über ist – scheitern werden.

Ihre Größe hat die Saurier umgebracht, sie wird auch die EU killen

Dieses Schicksal wird auch der EU beschieden sein. Sie ist zu groß und damit unregierbar geworden. Wer einmal in Brüssel oder Straßburg gewesen ist, hat das feststellen können.

Größe verträgt sich nicht mit Demokratie. Die Demokratie hat die unabdingbare Voraussetzung, dass sich die Regierten und die

Regierenden kennen können, zumindest die Möglichkeit dazu haben, sich gegenseitig kennenzulernen. Das ist aber im brüsselschen Moloch nicht mehr gegeben. Es sind zu viele in der Kommission, es sind zu viele im Parlament und die Einwirkung der einzelnen Bürger auf politische Entscheidungen ist keineswegs gegeben. Brüssel ist soweit von uns entfernt wie Moskau damals von Sibirien und diesen weiten Weg kann die Demokratie nicht überleben.

Die neuen Herrscher

Wer einmal einem Kommissar gegenübergesessen ist, wer dessen völlig abgehobene, lebensfremde Art, wer dessen überhebliche Besserwisserei am eigenen Leib erfahren musste, hat erkennen müssen, wie es wohl einem Sowjetbürger mit einem Mitglied des dortigen Politbüros ergangen sein muss. Nur das Hinausbegleiten durch einen Saaldiener war wohl eine andere Kategorie und führte zum Nachhauseflug und nicht in den GULAG.

Dieses Unbehagen begleitet den kleinen Österreicher, wenn er einmal nach Brüssel gedurft hat. Es begleitet den kleinen Österreicher, der immerhin als Nettozahler die Ehre hat, das Ganze zu finanzieren, der gar nicht mehr so genau wissen möchte, wie viele Sitzungsgelder und Diäten tatsächlich an die dort schmarotzenden Nichtstuer ausgeschüttet werden.

Ich bin kein Europäer. So nicht.

Als wir damals beigetreten sind, konnte man hören, es sei deswegen so wichtig, weil man dann seine Stimme erheben könne, weil man mitreden dürfe im großen Konzert der EU-Entscheider.

Geblieben ist nichts davon. Wir dürfen reden, aber nur zu Hause. Wir dürfen reden in Brüssel oder in Straßburg, aber keiner hört auf uns. Denn dort sitzen die „glühenden Europäer" die wir hingeschickt haben, die aber nicht daran denken, die Interessen unseres Landes zu vertreten, sondern nur an die Interessen ihres eigenen Geldbeutels denken, die uns Richtlinien schicken und sich jeden Unsinn gefallen lassen. Richtlinien und Vorschriften oder Beschlüsse, gegen die es keinen Einspruch gibt, die man brav zu vollziehen hat und gegen die man nichts machen kann, außer man sitzt in Prag und lässt sich nicht alles widerspruchslos gefallen.

Ich bin noch immer kein Europäer, ich bin Österreicher

Ich will nicht in einem Land leben, das kein Land ist, sondern ein Moloch. Ich will in keinem Land leben, wo fast alle Gesetze und Verordnungen von einer ahnungslosen und lebensfremden Bürokratie bestimmt werden, die weder demokratisch legitimiert ist noch irgendeiner Verantwortung unterliegt. Ich will auch nicht dort leben, wo die „Entscheidungsträger" ihre Inkompetenz, ihre Korruption und ihre zerstörerische Kraft zur Genüge bewiesen haben, die aber bis heute keine Konsequenzen dafür erfahren mussten und auch in der Zukunft nicht erfahren werden.

Die Frage, ob es in Österreich besser ginge oder gegangen wäre, hätten wir uns den Beitritt erspart, darf heute nicht mehr gestellt werden. Ich weiß auch nicht, ob es in Österreich besser ginge, würden wir es den Briten nachmachen und einfach austreten. Gut, die Zahlungen an die EU würden wir uns ersparen und natürlich auch die möglichen Strafen für unsere Klimapolitik, die ja auch nur dann fällig wären, würden wir sie zahlen wollen.

Wehrloses Europa

Manche unserer Herrscher und Herrscherinnen denken bereits über eine EU-Armee nach. Wie das gehen soll, was das für unsere Sicherheit bringen soll, das weiß niemand. Dass das Ganze das Ende der österreichischen Neutralität wäre, ist unbestritten, stört aber wie es scheint, keinen. Gedanken sind wie es scheint frei, auch wenn sie verderblich sind.

Die deutsche Bundeswehr ist kaputt. Die derzeitige Kommissionspräsidentin hat in Deutschland ganze Arbeit geleistet, bevor sie sich nach Brüssel vertschüsst hat. Und mit dem österreichischen Bundesheer steht es auch nicht zum Besten, das hat man jüngst sehen können und wer es nicht gesehen hat, konnte das zur Genüge hören. Die Briten treten aus, auch deren Armee ist weg. Wer bleibt dann? Die Franzosen, die Italiener. Das glaubt in Wirklichkeit keiner. Und dass hier Visegrád einspringt, ist eine Illusion. Die Vorstellung, eine Armee zu kommandieren, in der über zwanzig Sprachen gesprochen werden, kann nur einem komplett Wahnsinnigen gefallen.

Sicherheitspolitisch hat die EU total versagt. Die Grenzen sind offen wie die Scheunentore, die Griechen sind völlig unfähig, auf ihren Inseln stauen sich die Invasoren, die Italiener lassen, seit Salvini weg ist, wieder Schiffstouristen ins Land und die Spanier agieren völlig hilflos, wenn die illegalen Einwanderer über ihre Zäune klettern. Sie setzen sie aber, wenn sie im Land sind in Busse und transportieren sie nach Deutschland, wo sie ja hingehören und wo sie in Wahrheit hinwollen. Und was auf der Balkanroute passiert, weiß nicht einmal Sebastian Kurz.

Was also soll eine solche EU-Armee? Die ist völlig bankrott, bevor sie aufgestellt ist und den Luxus vieler Generäle zahlen wieder nur die Nettozahler. Die Kampfkraft einer solchen Operettenarmee ist gleich null und außer Paraden in Brüssel wird wohl nichts geschehen, kein Schuss wird abgefeuert werden. Die Grenzen sind offen wie zuvor, aber wir haben eine kostspielige Armee, die wahrscheinlich mehr Offiziere als Soldaten haben wird. Aber unsere EU-Bonzen scheinen ganz verliebt in eine Vorstellung von einer Armee zu sein, die wieder einmal ungeheure Summen verschlingen wird, ohne nach außen etwas zu bewirken.

Dass so etwas nicht funktionieren kann, erleben wir ja bereits. Die unter dem hochtrabenden Namen EUROGENDFOR, eine internationale Gendarmerie-Einheit, gegründete Truppe existiert derzeit auf dem Papier und hat überhaupt nichts bewirkt. Oberste und Generäle gibt es zwar und ich meine, dass die auch ausreichend dotiert sein werden. Also die Kosten laufen – wie es in der EU so ist – von einer Aufgabenstellung oder gar von einer Aufgabenbewältigung hat man bislang nichts gehört.

Mit einer EU-Armee wird es wohl nicht besser gehen. Wer dort dienen soll, ist auch den „glühenden Europäern" wie es scheint, nicht so recht klar. Wehrpflichtige kann man dort sicher nicht hinschicken, bleiben also nur Freiwillige, mit anderen Worten: Söldner. Ob wir das wirklich wollen, eine EU-Armee mit Söldnern, bleibt dahingestellt. Ich will das jedenfalls nicht und jeder vernünftige Demokrat kann das auch nicht wollen.

Wir hatten in Österreich gerade den Nationalfeiertag. Die Erinnerung an die Freiheit, an die Wehrhaftigkeit, ohne die es keine Freiheit geben kann, wurde hier gefeiert. Leider in einem Rahmen, der mehr traurig gemacht hat, als uns Österreicher in

Feststimmung zu bringen. Eine Würstelbude ist kein Festtags-schmaus und der Anblick der Reste unseres Heeres hat den meisten die Feierstimmung nachhaltig verdorben. Daran konnten auch die dort gehaltenen Reden irgendwelcher Politfunktionäre nichts ändern. Man hätte keine von denen gebraucht.

Feindbilder und Freundesbilder

Die Feindbilder sind uns auch abhandengekommen, die Bilder unserer Freunde aber leider auch. Denn wer glaubt, keine Feinde zu haben, der hat auch keine Freunde mehr. Angesichts der Bundesheer-Insolvenzveranstaltung am Heldenplatz stellt sich die Frage, wer uns denn in Zukunft verteidigen wird oder noch verteidigen kann. Das Bundesheer wird es wohl nicht können und die EU-Armee gibt es gar nicht und wird es hoffentlich auch nie geben. Österreich ist also ungeschützt. Die Neutralität allein wird uns nicht schützen.

Man erinnere sich: Unsere Neutralität ist eine bewaffnete Neutralität nach dem Muster der Schweiz. Das steht so im Moskauer Memorandum. Und Schweiz bedeutet: Miliz. Und Miliz bedeutet, dass jeder Bürger, der seine Wehrpflicht geleistet hat, auch nach diesem Wehrdienst berufen wäre, sein Land im Falle des Falles zu verteidigen. Dazu aber braucht er seine Waffe, die der Schweizer Milizionär zu Hause nebst der Munition im Schrank stehen hat. Und es gehört auch dazu, dass mit dieser Waffe regelmäßig geübt wird, dass man nicht vergisst, wie man damit umzugehen hat. Die Schweizer machen das.

Es gibt eine Geschichte aus der Zeit des Zweiten Weltkrieges. Ein fiktives Gespräch zwischen einem Schweizer Militär und einem Nazi-Offizier. Der Deutsche meint, man würde hunderttausend Soldaten einsetzen und könne daher die Schweiz leicht besiegen. Der Schweizer meint, dann würde die Miliz eben schießen, was wären schon hunderttausend. Der Deutsche sagt, dann werde man eben zweihunderttausend Soldaten schicken. Darauf der Schweizer: „Dann müssen wir eben zwei Mal schießen!" Ob die Geschichte stimmt oder nicht: Hitler hat die Schweiz nicht angegriffen. Das ist Miliz. Und die Miliz ist der bewaffnete Bürger, der aus eigenem Entschluss dazu bereit ist, sein Land zu verteidigen und das auch tun kann, weil er bewaffnet ist.

Was bleibt also zu unserer Verteidigung?

Recht wenig. Das Gewaltmonopol ist natürlich immer noch beim Staat. Die Rechtsdurchsetzung ist dem Staat vorbehalten, der Schutz des Bürgers, die Aufrechterhaltung der öffentlichen Ordnung ebenso. Dafür kassiert ja der Staat nicht wenig Steuern und wäre dagegen verpflichtet, dieses Gewaltmonopol zum Wohle des Bürgers anzuwenden, diesen zu schützen und seine Sicherheit zu gewährleisten.

Das funktioniert leider immer weniger. Der Schutz unserer Grenzen ist weitgehend aufgegeben. Man erinnert sich an die hilflosen und lächerlichen Bemühungen unserer Exekutive, die hereinströmenden Invasoren aufzuhalten. Die zwei, drei Polizisten an der Grenze wurden einfach zur Seite geschoben, keine wirksame Reaktion der „Staatsschützer" ist erfolgt. Damit ist das Vertrauen in die Staatsmacht auf ewig verspielt worden. Die Schuldigen kennen wir.

Wer je auf die Polizei gewartet hat, wer je versucht hat, die

Anzeige einer Straftat vorzunehmen, weiß genau, was los ist in unserem Land. Der Bürger ist zum Bittsteller geworden, er ist niemand mehr, der seine Rechte einfordern kann und einfordern darf, der eine Leistung für seine – unfreiwillig – erbrachte Leistung verlangt. Denn die kann er fordern, kriegt sie aber nicht.

Was bleibt daher? Die Notwehr. Die kann der Staat allerdings nie ersetzen, die darf er auch nie ersetzen. Denn die Notwehr ist das angestammte Recht, sich selbst und seine Angehörigen zu verteidigen. Und zwar mit allen gebotenen Mitteln. Das ist dem Bürger durch die Bestimmungen der Verfassung und des Strafrechts gewährleistet und das allein ist uns geblieben. Ein Menschenrecht also – kein Staat darf dieses grundlegende Recht einschränken oder verbieten. Und dass diese Notwehr ohne Waffen nicht möglich ist, dürfte auch dem Dümmsten klar sein.

Ich bin ein Österreicher, ich bin kein Europäer

Europa ist ein Kontinent. Wo er aufhört, ist leicht zu erkennen, wo er beginnt, schon weniger. Die glühenden Europäer wären schon ganz abgekühlt, wenn sie vom Ural erst am Meer angekommen sind. Aber so groß wollen wir Europa gar nicht sehen und diese „Europäer" könnten das ohnehin nicht begreifen.

Ich bleibe also Österreicher und ich kenne meine Grenzen gut und ich denke, ich würde sie auch trotz meines Alters verteidigen, wenn es notwendig wäre. Im „König Ottokar" wird gesagt: „Da tritt der Österreicher hin vor jeden!" Vor jeden. Das ist es. Egal, wer da kommen mag.

Die Autoren

Michael Brückner, geboren 1958, war viele Jahre Tageszeitungsredakteur und anschließend Chefredakteur des Monatsmagazins „Europa". Im Jahr 1995 machte er sich selbstständig und arbeitet seither als freier Publizist auf den Gebieten Wirtschaft/ Finanzen und Politik. Er hat mehrere Bücher für Verlage in Deutschland, Österreich und der Schweiz verfasst, unter anderem „Politische Korrektheit" (zusammen mit dem 2017 verstorbenen Bestseller-Autor Udo Ulfkotte).

David Engels, geboren 1979 in Verviers (Belgien), studierte Geschichte, Philosophie und WWL an der RWTH-Aachen, wo er 2005 seine Doktorarbeit in Römischer Geschichte dank eines Stipendiums der Studienstiftung des Deutschen Volkes abschloß. 2008 wurde er Inhaber des Lehrstuhls für Römische Geschichte an der „Université libre de Bruxelles" und arbeitete ebenfalls als Direktor des altertumswissenschaftlichen Verlags „Latomus". Seit 2018 ist er Präsident der „Oswald Spengler-Society" und Forschungsprofessor am „Instytut Zachodni" in Poznań (Polen). Engels arbeitet vor allem auf dem Bereich der klassischen Altertumswissenschaften, des historischen Komparatismus und der Geschichtsphilosophie; bekannt wurde er durch seinen Vergleich der untergehenden römischen Republik des 1. Jh.s v. Chr. mit der gegenwärtigen Europäischen Union. Seine Buchpublikationen umfassen unter anderem: D. Engels, Le déclin. La crise de l'Union européenne et la chute de la République romaine. Quelques analogies, Paris 2013 (übers. ins Dt., Ung., Kroa. und Niederl.). – D. Engels (ed.), Von Platon bis Fukuyama. Biologistische und zyklische Konzepte in der Geschichtsphilosophie der Antike und des Abendlandes, Brüssel 2015. – D. Engels et al. (eds.), Der lange Schatten Oswald Spenglers. Einhundert Jahre Untergang des Abendlandes, Berlin 2018. – D. Engels (ed.), Renovatio Europae. Plädoyer für einen hesperialistischen Neubau Europas, Berlin 2019 (auch erhältlich in Franz., Poln. und Engl.). – D. Engels, Que faire? Vivre avec le déclin de l'Europe, Groningen 2019 (auch erhältl. in Span.).

Markus M. Goritschnig, Studium der Philosophie, unter anderen bei Peter Sloterdijk, sowie angrenzender Fächer an der Universität Wien und der Akademie für bildende Kunst in Wien. Diplomarbeit im Bereich Philosophie der Demokratie. Tätigkeiten als Journalist, Redakteur, Texter und Autor.

Vera Lengsfeld, geboren 1952 in Thüringen, Studium der Geschichte und der Philosophie in Leipzig und Berlin, Mitarbeiterin der Akademie der Wissenschaften der DDR, erstes Parteiverfahren wegen Abweichlertums, Zwangsversetzung an das Institut für Wissenschaftliche Information. Lektorin am Verlag Neues Leben. Seit den siebziger Jahren aktiv in der Opposition gegen das SED-Regime. Mitbegründerin einer der ersten halblegalen Oppositionskreise der DDR, des Pankower Friedenskreises. 1983 zweites Parteiverfahren wegen Mitarbeit in der Bürgerrechtsbewegung, Ausschluss aus der SED, Berufsverbot, Reiseverbot. 1988 Verhaftung wegen versuchter Teilnahme an der offiziellen Liebknecht-Luxemburg-Demonstration und Verurteilung wegen „Versuchter

Zusammenrottung", nach einem Monat Haft Abschiebung in den Westen, Studium der Philosophy of religion am St. John´s College Cambridge. 1990 Mitglied der ersten und letzten frei gewählten Volkskammer der DDR. 1990 Aachener Friedenspreis. 1996 Mitbegründerin des Bürgerbüros für die Verfolgten der DDR-Diktatur. 2003 Mitbegründerin des Gedenkstättenvereins des Stasigefängnisses Hohenschönhausen. 1990-2005 Mitglied des Deutschen Bundestages, seitdem freischaffende Autorin in Berlin. 2008 Verleihung des Bundesverdienstkreuzes.

Laila Mirzo wurde 1978 in Damaskus als Tochter einer deutschen Mutter und eines syrisch-kurdischen Vaters geboren. Mit ihrem Buch „Nur ein schlechter Muslim ist ein guter Muslim – Über die Unvereinbarkeit unserer Kultur mit dem Islam" gehört sie zu den schärfsten Islamkritikern im deutschsprachigen Raum. Sie schreibt u.a. für die Junge Freiheit, die Jüdische Rundschau und die Neue Zürcher Zeitung. In Vorträgen und Seminaren klärt sie über die Gefahren des orthodoxen Islams auf. Mirzo sieht im Erstarken des Islams in Europa eine massive Bedrohung für Rechtsstaatlichkeit und Demokratie.

Jürgen Pock, studierte Germanistik sowie Rechtswissenschaften und arbeitete als Journalist. Heute ist er als Kommunikationsexperte tätig, verfasst Beiträge für diverse Medien und ist unter anderem als Autor auf ortneronline.at aktiv

Werner Reichel, geboren 1966 in Niederösterreich, Studium der Ethnologie, Publizistik und Kommunikationswissenschaft in

Wien. Rund 20 Jahre im Rundfunk tätig, unter anderem als Programmchef und Geschäftsführer mehrerer Radiosender. Chefredakteur der Quartalszeitschrift „Frank&Frei – Magazin für Politik, Wirtschaft und Lebensstil", regelmäßige Beiträge für liberale, libertäre und konservative Medien in Österreich und Deutschland. Bücher: Privatradio in Österreich (2006), Die roten Meinungsmacher (2012), Das Phänomen Conchita Wurst (2014), Genderismus (2015), Infantilismus (2016), Populismus (2017), Der deutsche Willkommenswahn (2018), Kickl muss weg (2019), Wiener Tagebuch (2019)

Andreas Tögel, geb. 1957, ist gelernter Maschinenbauer, nach langjähriger Tätigkeit im Management internationaler Unternehmen seit 2000 geschäftsführender Gesellschafter eines Betriebes im Bereich der Medizintechnik. Verheirateter Familienvater, wohnhaft in der Nähe von Wien. Tögel schreibt für konservative, liberale und libertäre Medien in Österreich und Deutschland. Unter anderem für: „eigentümlich frei", „andreas-unterberger. at" und ortneronline.at. Bücher: Schluss mit Demokratie und Pöbelherrschaft (2015), Flüchtlingswelle und Völkerwanderung (2016), Schluss mit lustig (2018)

Andreas Unterberger, 1949 in Wien geboren, Studium der Rechtswissenschaft, Volkswirtschaft und Politikwissenschaft. Chefredakteur der Tageszeitungen „Die Presse" (1995-2005) und der „Wiener Zeitung" (2005-2009). Seit 2009 unabhängiger Publizist und erfolgreicher Blogger (andreas-unterberger.at). Auszeichnungen: zwei Mal Staatspreis für journalistische Leistungen,

Humanitätspreis des Roten Kreuzes, Silbernes Ehrenzeichen für Verdienste um die Republik, Ehrenkreuz I. Klasse für Wissenschaft und Kunst, Journalistenpreis des Juridisch-Politischen Lesevereins (2007), Leopold-Kunschak-Medienpreis (2009), Journalist des Jahres (2010).

Fabio Witzeling, geb. 1990, studierte Soziologie an der Universität Wien und beschäftigt sich vornehmlich mit Fragen der Kultursoziologie, Ideologieforschung, politischem Wettbewerb und Institutionen. Als Markt- und Meinungsforscher arbeitete er an Studien zu aktuellen Themenlagen und berät politische Akteure in inhaltlichen und strategischen Fragen. Sein publizistischer Fokus liegt auf der Deutung gegenwärtiger gesellschaftlicher Vorgänge in ihrer Abhängigkeit von massenpsychologischen Prozessen und dem kollektiven Unbewussten. Die Erfassung des kulturellen Zeitgeistes mittels soziologischer Methodik steht im Zentrum seiner Forschung. Er lebt und arbeitet in Wien.

Georg Zakrajsek, geboren 1939 in Wien, Studium der Rechtswissenschaften in Wien, gleichzeitig Schriftsetzerlehre. Lehrer an der Graphischen Lehr- und Versuchsanstalt, Notar in Wien Neubau, Pressesprecher der Notariatskammer, seit 2008 in Pension. Ehemaliger Generalsekretär der IWÖ, Lehrbeauftragter an der orthoptischen und logopädischen Akademie, Herausgeber und Autor der „Querschüsse". Publikationen über nationales und internationales Waffenrecht, Sportschießen, Jagen und Selbstverteidigung. Verheiratet, zwei Söhne.

Impressum

Werner Reichel (Hg.)
Europa 2030
Wie wir in zehn Jahren leben
Verlag Frank&Frei, Wien 2020
1. Auflage

Lektorat: Regina Zeppelzauer
Buchgestaltung und Satz: Martin Morauf / studio MgrafiX
Gedruckt in der EU

ISBN: 978-3-903236-36-3
eISBN: 978-3-903236-37-0